あの人が好きって言うから…

有名人の愛読書50冊読んでみた

ブルボン小林

中央公論新社

はじめに

この本は『女性自身』という雑誌での連載をまとめたものです。

銀行や病院のロビーでみかける、皇室と、芸能人と料理のことが載っているあの雑誌です。その女性自身から「書評」の連載を頼まれたとき、さてどうしようと考えました。

銀行の待ち時間に女性週刊誌をめくってるとき、人は書評になんか目を通すかなあ。俺なら読み飛ばしちゃうな。せっかくそういう雑誌なんだから、読みたいのはゴシップ。有名人がどうした、こうしたを知りたい！

そういう読者相手の、つまりアウェーの場で少しでも読んでもらいたく、この連載は「有名人の愛読書を読んでみる」というものになりました。ルールは三つ。

1　有名人が愛読書に挙げる本を読み、紹介する。
2　漫画や写真集などは除く（漫画を軽んじるわけではないですが、今回は活字の本に限りました）。
3　自分がまだ、一度も読んだことがない本にする。せっかくだから、連載を通して新たな知見を得たいと思ったのです。

数年かけてコツコツ読んでいくうち、有名人の読書には独特の傾向がある気がしてきました。ここで紹介する全冊に共通するのは、どの本にもパワーがある。だからこの本自体、読むだけで元気になれる読書ガイドになりました。

本書を読んでも有名人にはなれません。でも、有名人って、有名であるってなんなんだろうということが、少し分かってくると思います。どうぞ気楽に、好きな人のところから読み進めてください。

ブルボン小林

目次

装画・本文イラスト　死後くん
装幀　加藤弾（gaimgraphics）

あの人が好きって言うから…　有名人の愛読書50冊読んでみた

01

赤江珠緒の愛読書

『羆嵐』（吉村昭）

むき出しの「面白かったよ！」

赤江さんは愛読書が多い。少し調べただけで本書以外にも北村薫『スキップ』、林真理子『下流の宴』、杉浦日向子『一日江戸人』、佐藤真由美『恋する歌音《カノン》』と列挙される（Ｗｅｂサイト「ｈｏｎｔｏ」より）。こんなバラエティに富んだ選書はなかなか出来ない。

また、なんつうか赤江さん、自意識が薄い。普通「愛読書を語る」という行為は、自分がどういうセンス、価値観かを開陳するという意味がある。意味があるというか、そう思って選書しているな、と思う人も多い中、赤江さんむき出しだ。本当に「面白かったよ！」というだけの推薦にみえる。

その中で今回は『羆嵐《くまあらし》』を読んでみた。先の五冊でも異彩を放っている。これ一冊だけ、東京の人気ラジオパーソナリティの愛読書感がない。「この本を読んだ後、野生の熊のあまりの恐ろしさに、思わず北海道旅行を断念した経験すらあります!!」という評の言葉も、素直にして明快。端的に「怖い」ということらしい。大正時代の北海道の村に現れた巨大な羆《ひぐま》と村民たちの死闘を活写したノンフィクションである。

厳寒の北海道の開拓民たちの、つましく厳しい暮らしの描写が実に丹念だ。「出入口や窓の蓆《むしろ》をひるがえして雪まじりの寒風が絶えず吹きこみ、鍋に残った雑炊は凍り、濡れた床には氷が張った」などと描写され続けると、羆登場以前に身がすくむ。

巨大熊やワニなどが襲ってくるパニック映画と、実録である本書の羆との違いは「いきなり子供を食う」ことだ！　どんなに恐ろしく描いても**映画の怪物はあまり子供を食べない**。ウケが悪いから。

それに対して本物の熊は頓着がないから、殺しやすい方から殺す。頭蓋骨を嚙《か》み砕くバリバリという音を夜闇に響かせ、髪の毛の混じった巨大な糞《ふん》を残して去る。荒くれ者の男たちは、殺害現場をみるたびに一様にヘナヘナと気力を削《そ》がれていく。作者の筆致は常に冷静だ。極限の恐怖が、人の役割や個性という社会の殻を外させ、集団としての人というものの弱さ、はかなさを無情にみせていく。圧巻の一冊だ。

コロナ禍の中で病床の赤江さんが綴《つづ》り公表した手紙は聡明で、持ち前の明るさも失わない素晴らしいものだった。まるで異質ではあるが、本作の冷静さや人への眼差《まなざ》し、つまり「読書」で得たものを赤江さんは正しく血肉にしているのだとも真面目に思わせられた。

新潮文庫

（20／7／7号）

ON AIR
冷静だ…!!
ソーシャルディスタンスでンが?

02

芦田愛菜の愛読書

『ＡＢＣ殺人事件』（アガサ・クリスティー／堀内静子訳）

巧みなプロットは今読んでも古くない

芦田愛菜は読書家で、小学校低学年の時点で年間三百冊の本を読破していたと聞く。かつて、本誌（『女性自身』）の取材に彼女が挙げたオススメの一冊が『ＡＢＣ殺人事件』だ（当時10歳）。

「アガサ・クリスティーらしい展開で、さすがだなと思いながら読みました」と回答している(14年9月30日・10月7日合併号)。つまり彼女はこれ一作だけでない、「らしさ」を語れるほどにクリスティーを読み込んでいるのだ！「一度読んだので犯人はわかっていますが、あのワクワク感をもう一度味わいたい」とも語る。これには思わず「大人顔負けですな」と(まさに名探偵ポアロばりに髭《ひげ》をさすりながら)言いたくなるが内心、真逆の感想も抱く。愛菜さん、やはり若いのだなあ、と。

というのは私《わたくし》、ほんの半年くらい前にたまたま読んでいたのだ。仕事で『ABC殺人事件』の漫画版を(『ABC殺人事件 名探偵・英玖保嘉門の推理手帖』/作画・星野泰視)。それだのに今回、小説を読み進めていて、誰が犯人かまるで分からなくなっていた！**「一度読んだので犯人はわか」るのは若者だけだ**。年をとると前頭葉が退化して「えーと、たしか」となる。ショックだった。

とはいえ、忘れようと覚えていようと共通の体験はできる。つまり「ワクワク感」が本作にはある。ABCの地名順に起こる予告殺人。殺害者の名もABC順。名探偵ポアロと助手のヘイスティングズは、いっけん関わりのなさそうな場所と人を巡って奔走する。巧みなプロットは今読んでも古くない。

幼い彼女はたくさんの本を、辞書をひきながら読破したそうだが、本に書かれているのは「意味」だけではない。正義漢の台詞《せりふ》を言いつつも、刺激的な殺人が起こることをどこか期待しているような探偵たちの不謹慎な気配や、刑事が退出した後で言い合う陰口や軽口といった「やり取り」、ことさら美女を尊重する価値観、先行するホームズ的な探偵小説への「批評」などなど、受け取る情報が多大にある。

本当はそれらも感じ取っていながら背伸びせず「ワクワク感」という語彙《ごい》で表すところに子役的な「達者さ」もみてとれる。でも、ただの素直さにも見えるし、案外、中年になっても読書で大事なのはワクワク感だから、そのままの感じで読んでいってね、とも思う。そしていつか我々の知らない面白い本を書評で教えてほしい。

ハヤカワ文庫
（17／4／18号）

【補遺】19年に書評集『まなの本棚』を堂々刊行（小学館）。『若おかみは小学生！』のような児童向けから森絵都、辻村深月などの現代作家、森鷗外『高瀬舟』、谷崎潤一郎『細雪』まで幅広く紹介している。

犯人わかっていても
ワクワク感を
味わいたくてー
ABC
殺人事件
A
B
犯人覚えている
なんてまだまだ
若いなフフフ…

03

CELEBRITY

安倍晋三の愛読書

BOOK

『海賊とよばれた男』（百田尚樹）

総理の夢想がみえ、納得感が深い

愛読書を探る連載ではあるが、最近はプロフィールに愛読書を挙げる人が少なくなった。履歴書の「趣味」の欄に「音楽鑑賞」と記すのが古く感じられるように、愛読書という言葉にもどこか懐かしい時代の響きを感じ取る。

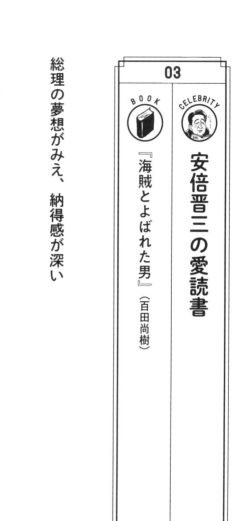

でも政治家は今も「愛読書」を問われる。かつて政治家の愛読書は、その人の好みだけでなく政治信条も表したからだ。たとえばマルクス『資本論』が共産主義者のバイブルだったように。

安倍総理の愛読書として話題になった『海賊とよばれた男』は堅い本ではない。本屋大賞も受賞したエンタメ小説のヒット作だが、読んでみたらこれがまあ宰相の愛読書として、実に納得感が深い。

石油の販売に血道を上げる男、国岡鐵造が、戦前戦後の混乱期のさなか、あらゆる困難に直面しながらも、国と人と会社のために奮闘していく姿を描いた壮大な一代記だ。国岡さん、なんつうリーダーぶりであることよ！

鐵造は勤勉さと信念を持つ熱い男として描かれる。不正を許さぬ性格ゆえ、旧弊な社会にあって多くの敵を作るが、彼の清廉かつ一本気な態度に「惚《ほ》れ込む」者もその都度あらわれる。

石油販売の利権を牛耳ろうと企《たくら》む旧弊な世界の邪魔者の邪魔と、彼に惚れ込む誰かの登場によるピンチの脱出。その、ひたすらの繰り返しだ。惚れ込む者はときに腹心の部下となり、ときに法外な援助を申し出、鐵造と会社を救う。鐵造の「惚れ込ませ力」はぐんぐん高まり、融資を回収しようとした銀行の頭取も「一度あった」だけで撤回するまでにパワーアップ！

満州の鉄道会社に、冬でも凍らない潤滑油を売り込む際は、三等客車で旅費をけちりながら地道な営業を続けるし、上海での石油販売競争では大手が安売りする地域に囮《おとり》の販売店を置いて攪乱するなど『プロジェクトX』ばりに「工夫」で窮地を乗り切る局面もある。つまり助けられっぱなしというわけではない活躍もみせハラハラ読ませる。なにかのリーダーが読む本としては、そりゃもう気分いいだろう！　現実もこうならいいのにな、という総理の夢想がみえそうだ。

しかし、全社員が一丸となり泥まみれで「士気高く」「笑顔で」働いていたはずが、戦後二年で「百人あまり」やめていることがあっさり明かされたときは驚いた。鐵造は彼らを責めないどころか心を痛める。小説はそれでいい。現実には**「笑顔」のはずが「やめ」てしまう人々の存在を心痛めるだけであっさり片付けられては、困る。**

痛快で気持ちいいものだけでなく、一国のリーダーはもっともっと本というものを広く深く愛読してほしい。

講談社文庫・上下巻
（16／8／16号）

もっと広く深い読書を…
くぅ〜
気持ちいい〜っ
海賊とよばれた男

04

阿部寛の愛読書

『巨大隕石が地球に衝突する日』（磯部琇三）

底が浅いのか深いのか、冗談か本気か

阿部寛で僕が最も印象的な役は『下町ロケット』や映画ではなく、三菱ＵＦＪ銀行のカードローンのテレビＣＭで、それを推薦する男だ。もう十年近く、同ＣＭを阿部さんがやっている気がする。

ある時の彼は、余裕に満ちた態度で部下（のような人たち）と会話している。「銀行に行かないとローンを申し込めないのでは？」と口々にいう人々に「実は」とノートパソコンの画面を開けてみせる阿部。そこには「来店不要」と大書されており、驚く部下的な人たち。ほほ笑む阿部。

あれ、なんなんだ。

その後、ローンの利点を説くナレーションになるが、その背後でまだ談笑し続ける彼らは、あと一体なにを話してるんだろう（来店不要でローンを申し込めることについて、まだそんな語ることがあるのか）。不可解だが、そういう、**本当にはあり得ない場面を自然にみせるのも役者の技量**だろう。

そんな彼は愛読書もどこか不思議だった。題名の通り巨大隕石の地球衝突の可能性を生真面目に語る本だ。題名から「今流行《はや》りの終末論かSFと勘違いされそうだけど」「とにかく、読んでみてくださいよ」と語る（『コスモポリタン』99年1月号より）。

いや、別に勘違いしないけども、人からオススメや愛読書を聞かれたときにはあまり答えないタイプの本ではないか。

しかもかなり愛読している。「恐竜のように人類だって、いつ滅ぶかわからない。クヨクヨしている時間なんて、ホント、ないんですよ」と、まるで自己啓発本に刺激を受けた人みたいな前向きさを本書から得ている。しかし、なんだろう。いかにもいいこと言ってる風だが、恐竜滅亡って人生訓を受け取るような逸話か？

この本自体、不思議だ。巨大隕石が恐竜を絶滅させたという、当時の最新の学説に紙幅を費やす。隕石の衝突が人類の滅亡をもたらすだろうという悲劇的な予測も（滅亡の仕方まで）詳細に語られる。たしかに「大事に生きよう」と思っていいけど、普通「へぇ」だろう。

それに、**どこかで作者は隕石の衝突（と滅亡）が起こってほしそうなのだ。**不謹慎なのでなく、学者ってそういうものなのか、「もしSL9彗星の破片の一つが地球に落ちていたら、横浜－東京－船橋を結んだ距離が入るほどのクレーターができたであろう。人類は間違いなく、恐竜と同じような運命を歩いていたにちがいない」などと生真面目に語るほどに、とぼけた可笑《おか》しさが生じる。底が浅いのか深いのか、冗談か本気か。ローンのCMを含む、彼の演ずる様々なキャラクターにも、どこか通じてはいる。本当、なんなんだ。今回は古いインタビューからの紹介だが、今なお愛読書かどうか聞いてみたい。

KAWADE夢新書・品切れ
（18／12／4号）

巨大隕石なんて衝突しませんよね……？
実は……
衝突します。

05

有村架純の愛読書

『悪夢の観覧車』（木下半太）

お金だけでなく伏線まで回収、うまいね！

芸能界には清潔な印象の美人という枠がある。山本美月とか西内まりやとか。

そういう人には是非ともいてほしいし見ていたいけど、客は勝手なもので、案外その美人を美人としかみなさない。その人固有のなにかを記憶にとどめるためには清潔さ以外のインパクトも

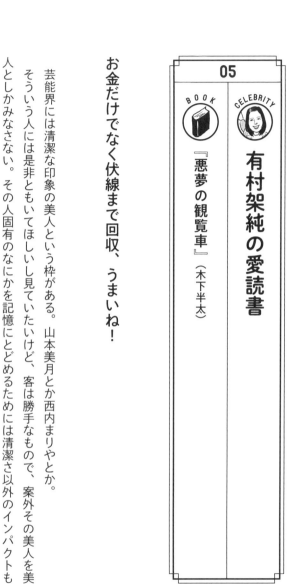

必要だ。少しだけ「面白い」人が長く残る気がするが、有村架純には、まだその個性をみつけられずにいる。

愛読書は「ちゃんと」あった。タレントの愛読書って、インタビューでなにか言わなければいけない（特に女優は「本読まないんです」ではバカっぽくみえる）から無理に出したのでは、と思えるときがあるのだが、彼女は本書だけでなく、同じ作者の「悪夢」シリーズをすべて好きといっている。特に本書には思い入れがあるようだ。「残酷なシーンにもちょっとずつ愛や絆がちりばめられていて、なんだかグッときます」と語る（『ダ・ヴィンチ』15年11月号インタビューより）。遊園地の観覧車で起きた誘拐事件。人質となったゴンドラごとに様々なドラマが描かれる。

連載で取り上げている中でも特に読みやすく、すぐに読了してしまった。どの人物もあっけらかんとした性格で掛け合い漫才のようなやり取りをする。この「軽妙さ」が、読んでいて恥ずかしい。読者に親切すぎだ。

人物造形も多分わざと類型的、漫画的にしてある。天才的なスリ師の爺《じい》さんは「銀次」といういかにもな名でべらんめえ口調で喋《しゃべ》り、マイホームパパは子供への威厳を気にしながら小便をちび怯《おび》えてみせる。

だが全体のアイデアは独創的で大がかりだ。観覧車を回転させながらの身代金回収の方法は（実現可能かどうかは怪しいものの）斬新で、ちゃんと**お金だけでなく伏線まで回収、うまいね！**（↑小説もこういう軽妙さなのよ）

犯人の動機は古典的な人情噺《ばなし》になっていて、オビの推薦文をみるに有村さんも、そのことを特に好んだようだ。

その役が類型的だとかは気にせずに本のテーマをまずみているとしたら、それはいい役者なのかもしれない。主演の朝ドラ『ひよっこ』もみてみた。手足長すぎの美人が野良仕事って無理ある……かと思ったら、あれ、割と違和感ない。だとしたら観覧車の中でもヒロインだけでなく、バカなコメディエンヌができそう。実写化に期待したい。

幻冬舎文庫

（17／5／30号）

【補遺】21年公開の映画『花束みたいな恋をした』で、読書家の女性を好演。ドン臭さと洗練を両立させられるすごい女優だと認識を深めました。

おらの村の観覧車だっぺ
てやんでい水車じゃねーかべらんめえ

06

安藤サクラの愛読書

『花鳥風月の科学』（松岡正剛）

選書のセンスに感覚の鋭敏さをみる

朝ドラ『まんぷく』を楽しんでみているが、ヒジョーに些《さ》細《さい》なことが気になる。毎回、ドリカムの歌う主題歌にあわせて主演の安藤サクラが元気に歩き、踊る。それはいいんだが、最後「テッテテレテレテレッ、フーッ」と終わる、締めの「フーッ」にあわせ彼女が大の字に両手両足を開き、おどけたポーズをとってみせる。

それが、おかしい。ここでの安藤は、インスタントラーメンを発明した研究家肌の男を支える、能天気で明るい妻福子の役なのだが**「能天気で明るい」ことと、調子にのっておどけたり、三枚目なふるまいをするのは似て非なること**だ。最後の音を待ち構えて、派手なふるまいを決めて目立ってみせるなんて、ドラマ本編の福子は絶対にしないと思う。

そんな細かいことを……と思う向きもあろうが、彼女の愛読書『花鳥風月の科学』も、なにかの違いをゆるがせにしないものだ。

日本人に昔から備わっている宗教観や風物を尊ぶ気持ちを、なんとなくでなくきちんと説明してみせようという一冊だ。花鳥風月という、それ自体に素敵な雰囲気のある、雅《みやび》やかだがあいまいな言葉を、科学はもちろんのこと、民俗学や古典の知識まで総動員して説明していく。

「最近、パワースポットとか（中略）神秘的なものが身近になってきたけれど」そういう流行では「大切なことを見逃してしまっている気が」すると彼女は言う（『ダ・ヴィンチ』17年1月号インタビューより）。自分に信仰心はないが、人が仏様に自然に手をあわせる感覚に興味があり、その「感覚的なものを科学的に解明してくれる」のではないかと本書を読んだそうだ（同前）。

読めば、まぁ、これがまさに博覧強記。「道」の章では、シルクロードから人体の内部に張り巡らされるネットワークにまで話が及ぶ。学術書のような難解な説明になりそうなところをギリギリ踏みとどまり、あくまで「読み物」の平易な語り口にとどめている。さまざまな地名や言葉の語源に、人の気持ちや感覚が宿っていたと知れるだけでも、読書の快感がある。

「私、納得したかったんだ」（同前）と語る彼女が、本書を選んだそのセンスにも感覚の鋭敏さをみる。誰もがどうでもいいと言いそうな先述の「主題歌でおどける福子おかしい」も、むしろ彼女だけは分かってくれはしないか！

中公文庫

（19／3／19号）

君も分かっているはずさ
福子はそんなおどけ方しないって……
萬平さん……!?
じゃない!!
花鳥風月の科学

07

CELEBRITY

石田ゆり子の愛読書

BOOK

『なまけ者のさとり方』（タデウス・ゴラス／山川紘矢・山川亜希子訳）

これは必ず、『Lily』と二冊セットで読むべし！

新年、石田ゆり子さんのインスタグラムが、ツイッターでバズって（＝話題になって）いた。彼女が自室でペットたちとくつろぐ写真だったが、ツイッター民はそこに「非の打ち所のない素敵な暮らし」を（卑屈なほど過剰に）みてとり、打ちのめされたのだ。

彼女の著書『Ｌｉｌｙ――日々のカケラ――』をめくると、愛読書に『なまけ者のさとり方』を挙げていた。彼女の説明をひこう。

「人間の波動には3つあって」「かたまり」「エネルギー」「スペース」と呼ぶそうだ。「かたまり」は収縮して他人を受け入れられない状態。「スペース」は無限に開かれていて「自分も自分以外の存在も境なく存在できる」（「エネルギー」はその中間）。

とにかく、原典を読んでみる。自己啓発的な本だが、類書と異なるのは「実例」がほぼないこと。宗教家や哲学者の引用もなく、作者のゴラスさんが考えた概念だけが語られる。「スペース」というのはヒッピー文化に多大な影響を与えたバンド、グレイトフル・デッドのカリスマ、ジェリー・ガルシアがインタビューでしばしば用いている言葉で、本書と用法も酷似しており、強い影響を与えていると思われる。本書内にはマリファナの使用体験が出てくるが、ドラッグ体験を強くは勧めてない。本書は**ガルシアの思想をよりマイルドに濾過したもの**、という感じだ。

「スペース」が宗教でいう「涅槃《ねはん》」や「解脱《げだつ》」だとして、面白いのはスペースに達しても、またいつでも「落ち」るし、それで構わないらしいところ。宗教と比べて受け入れやすい。スペース到達に必要なのは「愛」で、それも「今のあなたのままで」「できる限り」注げばよい。楽ちんだ。

ふうん、と思うものの、あまりに抽象的で分からなくもある。だが本書の文中にはない「実例」が至近にいた。彼女だ。

『Lily』には「スペース」にいるか、そこを目指す者の生き方が表れている。石田さんの紡ぐ言葉は（スペース云々の説明を除けば）常に具体的。たとえば靴の選び方では「ヒールの靴は実はあまり履かないけれど、それを履いて走れるか、というのは大きなポイント」のように簡潔で分かりやすく、考えも尊敬できる（圧倒もされる）。

「かたまり」の……いや、ツイッター民の皆さん、これは必ず二冊セットで読むべし！

PHP文庫

（21／2／16号）

これがスペース!?
ようこそ
ピュー
あ
かたまり

08

稲垣吾郎の愛読書

『うたかたの日々』（ボリス・ヴィアン／野崎歓訳）

これを好きだという吾郎ちゃんマジ尊敬！

東京ローカルのテレビ番組に稲垣吾郎が生出演した（17年10月のTOKYO　MXテレビ『5時に夢中！』。「新しい地図」が立ち上がった直後のことで、全国的に話題になった）のをたまたま観《み》ていた。画面に映らないスタッフ達の、異様な高揚が伝わってきたが、当人は、スタッフ達の動揺と裏腹にすんなりそこにいる、自然な気配が印象的だった。

作家と語り合うレギュラー番組（TBS『ゴロウ・デラックス』）を観ていても、周囲の空気に揺らがない理知的な気配があって、それは彼のキャラクターの基調になっている。「知的なジャニーズ」にみられる、司会者やキャスターになるベクトルとは違う、**言葉で示すのではない理知**とでもいおうか。

彼がボリス・ヴィアン『うたかたの日々』を好きと知ったときは野太く「似合う！」と声が漏れた（読んだこともないのに）。まあ、読む前は単にオシャレなイメージ（発泡酒じゃなくてコアントロー、高円寺じゃなく代官山みたいなファッション感）が似合うと思えただけだったのだが。

読み終えると、似合うし、これを好きだという吾郎ちゃんマジ尊敬！　と目が輝いた。オシャレ以前に、単純に小説として面白みがあった。

ジャズが好きな青年コランの、シンプルな恋の物語だ。お金持ちゆえの、気楽で浮ついた、軽いやり取りが進む中に、詩的な描写が挟まる。水道管から出てくる鰻《うなぎ》を捕まえて料理するとか、薔薇《ばら》色の雲が二人を包むとか。

恋人との結婚式の場面は、さながら「イメージの行進」をみるかのよう。贅《ぜい》を尽くした式の最中には死者さえ出るがおかまいなし。その後の恋人の病気からの彼の転落も、平等におかまいなし。治療費のため仕方なくする労働は徹底して「嫌なもの」として描かれる。ちゃんと働かないんだから自業自得、と普段なら感じるところ、不思議とコランに対しては悪感情を抱かず読了できた。

没落貴族のデカダンを描く古い文学とは異なる、若者の目に映る「世の中」と（甘えも含めた）欲望とを、嘘《うそ》なく正直に描いたのが伝わる。不合理な職場や、弱っていく恋人の前でも、過剰な叫びやふるまいをみせず、周囲の高揚と無縁に静かにいるコランの気配が、本当に彼に似合ってる。

……しかしこれ、ただ愛読じゃなく、身近な女性に推薦したって（『家庭画報』17年4月号インタビューより）。薦められる女性、感想の難度高いだろうなー。

光文社古典新訳文庫
（17／12／12号）

吾郎のうたかたの日々
ひとり
違う人が
紛れ込んで
いるな・・・

09

上野樹里の愛読書

『青空のむこう』（アレックス・シアラー／金原瑞人訳）

俺もイノセントに頑張るよ

上野樹里といえばドラマ『のだめカンタービレ』や映画『スウィングガールズ』などで元気な印象があるが、それより前の映画『ジョゼと虎と魚たち』では主人公に片思いするおとなしい女の子役を演じており、元気さとの振幅が印象的だ。トライセラトップスの和田君と結婚したとき

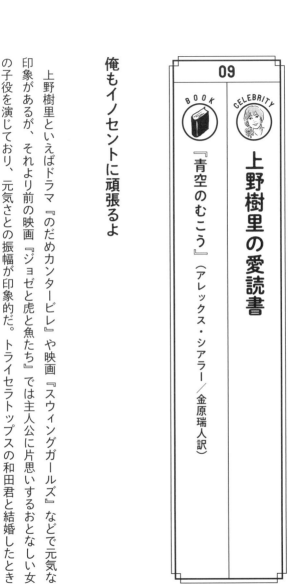

はそうかぁ樹里ちゃん、和田くんかぁ……と（勝手に）落ち込んだから、けっこうファンだったんだな、自分。

彼女の愛読書は『青空のむこう』だが、かなり愛読している、というか同書のことが好きすぎて、テレビの企画で原作者に会いにいきさえしている。02年刊行の当時「感動作」として話題だったが、もう絶版なんじゃないかと思いつつ大手書店に出向いたら、まだ版を重ねていた。

だが、もっと驚いたのはオビに堀北真希が推薦文を書いていたことだ。おまえもか！　なんだか**大物が一度に二匹釣れた**みたいな気持ちで（注・釣れてません）購書する。

中身は幽霊の話だった。幼くして死んだ少年が、家族に言いそびれたことがあって、悩んでいる。その無念が何度も文中で繰り返される。

素直でナイーブな少年の観察やモノローグが楽しめない限り、本書の読みどころは、「死者が生きている姉にどうやって思いを伝えるのか」ということだけ。それさえ、ネタバレと配慮するのもバカバカしいのだが、えっそれで終わり？　と拍子抜けの結末。

ファンとか言っておきながら、樹里ちゃん、趣味疑うわーと（これも勝手な）感想を抱きつつ、先述のテレビ番組（ＮＨＫ『ハイビジョン特集　輝く女　上野樹里』07年放送）も観てみる。そして知る。彼女は中学生のときに母親を亡くしているのだった。それからほどなくして本書に出会う。

それで符合した、というより、もっと単純なことに気付かされた。この本に感動したとき、彼女はまだ十六か七だ。芸能人って皆「しっかり」してみえる。だが、実年齢に相応の幼さがあって当然だ。そう思うとき、主人公のイノセントに共鳴するのも自然。つまり、こちらのスレ具合を反省する必要もなく、**書物というのはどこまでも個別に働きかけるものだ**ということを再認識。ドキュメント内で、二十歳《はたち》の彼女は「恋人は『作る』ものじゃない」「がんばってる人の側《そば》には必ずがんばってる人が現れる」とも語っていた。はーい。俺もイノセントに頑張るよ。

求龍堂

(16／7／19号)

innocent
がんばってる?
イノセントの
差が…
青空のむこう

10

CELEBRITY

宇垣美里の愛読書

BOOK

『豊饒の海　第一巻　春の雪』（三島由紀夫）

男ウケで選ぶにはガチな読書である

「好きな・嫌いな女子アナ」というアンケートで「好き」の上位に入る有働アナや水卜《みうら》アナは「嫌い」の上位にも入っている（18年『週刊文春』調べ）。つまりそのランクは単に「有名」であることの指標なのだが、宇垣アナは「嫌い」の十五位で「好き」はランク外という、ちょっとり

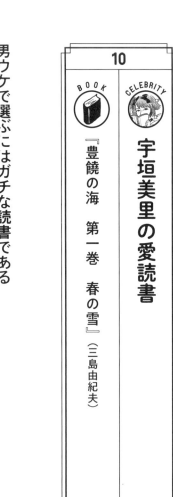

アルな嫌われ方だ。

「ぶりっ子」という言葉も最近は死語化していたところ、日曜朝の『サンデージャポン』（TBS系）でコスプレ姿など披露する宇垣アナが出演者たちに、久々にぶりっ子と呼ばれていた。そこには確信犯の気配もある。

『ヘドバン』というハードロック専門誌のインタビューでロック愛も語っている。コスプレもロックもどちらも「男にウケる」物事を愛好しているわけだが、どうもウケるためでなく、本気でそれを好きであるらしいことは語りの熱からうかがえる。

愛読書は三島で、これも文科系男子をドキッとさせてくるが、単に**男ウケで選ぶにしてはガチな読書**である。

『春の雪』の文章の美しさをラジオで「美、美、美！」と感嘆している（TBS『エンタメExpress』17年8月放送より）。大正期の侯爵家に生まれた若者の、美貌の令嬢に対する自意識ゆえに独り相撲になる恋の駆け引きを描く文章が本当に美美美だ！

「シャンデリヤの光りの余波を宿し、潤んだ口のなかが清らかにかがやくのを、細いなよやかな指の連なりが来て、いつも迅速に隠した」。どうですか。女が笑って口に手を当てるだけでこの描写ですよ。男の方も比喩《ひゆ》ふんだんでなよやかで美しい……もしかして、「面食い」（という言葉も死語っぽいが）なのか。先の『ヘドバン』で彼女が大好きと挙げたバンドP.T.P.（Pay money To my Pain）の動画をみたら、露骨な「ビジュアル系」ではないが、タトゥー多めのボーカルはやはりイケメンであった。ぶりっ子でなく、自分の好きなものを正直に愛好しているのは間違いない。だが、イケメン好き。

美女にすぐ鼻の下を伸ばす男は人から侮られるが、頭のいい女性は、美男を存分に鑑賞しながら、巧みに「鼻の下の伸び」を外にみせない。たまたま、大好きなものが美しいだけだった……のか？　問い詰めても、はぐらかすのがまた上手《うま》そう！　それで簡単に宇垣アナ「好き」に一票入れちゃいそうだわ。

新潮文庫
（19／4／16号）

【補遺】ＴＢＳを19年に退社。「リアルな嫌われ方」と書いたが、フリー転身後のラジオ出演を聴いたら、とても明晰な発言をしていた。女性人気もぐんぐんあがっているようだ。

鼻の下？伸びてないですケド？
美、美、美！
春の雪
三島由紀夫
ガチ
ガチ
ガチ
文科系
ロック
ファン
アニメ
オタク

11

CELEBRITY

宇多田ヒカルの愛読書

BOOK

『荒野のおおかみ』（ヘルマン・ヘッセ／高橋健二訳）

ただの立派な文学ではない、不思議な感触

宇多田ヒカルが10年の休業前に発した「人間活動（をしたい）」という言葉がずっと気になっていた。哲学的に、文学的に思考するのでなければ、人は自分のことを人間とは呼ばない（キャンディーズのように「普通の女の子」と呼ぶのだ）。

彼女は読書家で有名だ。かつての公式サイトの記載によると「ヘルマン・ヘッセ『シッダールタ』を読んでから『幸福論』、んでフィナーレに『荒野のおおかみ』をたいらげると最高に満腹になる！（高橋健二訳がおすすめ）」と、内容などではなく「読む流れ」や「訳者」を指定してみせるのが独特で、**読書上級者という感じ**。その順に従う時間は取れなかったが、最新アルバム内の曲名にも引用（？）された『荒野のおおかみ』を読んでみることにした。

ヘッセといえば『デミアン』における苦悩する少年のイメージだが、本作の主人公ハリーは五十歳の中年男。彼の心には世の生ぬるい幸福を善しとしないアウトサイダーと、慎《つつ》ましやかな幸せを了解する市民が同時に存在し、葛藤している。彼はモーツァルトやゲーテを愛し、戦争とそれに向かおうとする社会や俗な世相、流行を嫌う。社交を避けながら、とはいえ完全な放浪も自殺もできずに暗く生きる。彼が思弁を繰り広げるだけの間、本書は高級かつ、退屈だ。

ボーイミーツガールという軽い言葉がぴったりの、女との出会いによって一気に小説は生き生きとし始め、読者は驚く。延々と続いた哲学的な思弁はいったん吹っ飛んでしまう。「正しい」言葉と言葉の狭間《はざま》でがんじがらめになった男に対し女が提示した「救い」は歌と踊りだ。その歌もクラシックではない、（当時流行の）俗なジャズ。

流行歌が救いとされることも、もちろん彼女（宇多田）の琴線に触れたかもしれないが、それだけでもなさそう。

ハリーは不慣れなステップをおどおど練習し、みるみるリア充になって女たちと放蕩《ほうとう》にふける（3Pを持ちかけられてキョドる場面には笑った）が、それでおしまいにもならない。クライマックスで彼は「人間活動」の真逆の幻夢的世界に飛び込み、さらに思弁を深めるのだった。

思弁や踊りや歌と並んで大事なものとして「ユーモア」を本書は挙げる。最近のテレビ出演で、彼女も同様のことを言っていた。大仰で悲壮な展開の最中にモーツァルト本人を登場させて主人公と会話させる、その荒唐無稽さに作者のユーモアをも受け取れたなら、これはただの立派な文学ではない、不思議な感触を得られるだろう。

新譜（『Ｆａｎｔôｍｅ〔ファントーム〕』）で彼女が歌う『荒野の狼』は本書の絵解きではない。が、彼女の心にこの混沌とした小説が溶け込んでいることは間違いなく感じられる。

新潮文庫

（16／11／22号）

ヒカルー
新しい
アルバム
すごく
いいじゃん〜
あ、ありがとう
人間活動の
たまものかな…
Fantôme

12

有働由美子の愛読書

『父の詫び状』（向田邦子）

「みなまで言わない」ことで生じる謎

『ブロードキャスト・ニュース』というアメリカ映画がある。87年の作で、ニュース番組のメインキャスターに抜擢《ばってき》された男が放送中に大汗をかき、シャツの色が変わってしまい（心配の電話が殺到して）失脚する場面を今も覚えている。

有働アナも『あさイチ』放送中の「ワキ汗」で話題になったが映画と異なり、彼女は涼しげにその話題をネタにして、なんなく（かどうか分からないが）乗り切った。

朝、たまにみかける彼女はいつも楽しそうにゲストに相槌《あいづち》をうって常にリラックスしているが、ひとたび事件や事故の報道が舞い込んだら即「アナウンサー」に切り替えられるであろう、プロの気配も匂わせている。

彼女の履歴やパーソナルは知らないのだが、愛読書『父の詫び状』と、それを語るインタビュー（『女性セブン』15年5月14・21日合併号）だけで好感を抱いてしまった。

本書の魅力をまず「みなまで言わない」よさだと語っている。読んだらたしかにそうだった。エッセイ集だが、題名に出てくる父のことが特にたくさん語られる。貧しさをバネに働き、外《そと》面《づら》がよく、家では威張っていたが家族思いでもある父親の姿を、美化せず冷静に描写している。だけど、「些細《ささい》なことから父と言い争い」（私は）家を出た、なんてことを急に書いてもみせる。「些細なこと」では家を出ないだろう。どんな言い争いかは最後まで作者は明かさない。他はいちいちエッセイ内でも辞書をひいてまで、言葉に精確たらんとしている作者が、気になるところはさらっと迂回《うかい》してのける。

有働アナは「みなまで言わない」姿勢を「相手を慮《おもんぱか》り、自分はすっとひく」美徳として語る。だが、それ以前に**みなまで言わないことで「謎」が生じている**。転校する日の学校の手すりの感触とか、ご不浄の匂いなど些末な記憶を活写する手つきは絶品だが、本人の大事な話が省かれることで、むしろ（なぜか一人ぼっちの）彼女の輪郭が魅惑的に縁どられた。

同じテレビ業界で活躍しながら前に出すぎず、品よくしすぎない、下世話な話題も辞さぬふるまいも互いに似ており、「愛読している」ことに対する納得感が今回は著しい。

文春文庫
（17／10／3号）

【補遺】ＮＨＫを18年に退職。今は朝ではなく夜の（日本テレビ『ｎｅｗｓ ｚｅｒｏ』の）顔だが、同じ安定感がある。

向田邦子
×
有働アナ
時空を越えた対談！
みなまで言いませんわ
私も、みなまで言いません…
両者、みなまで言わず…
しかし有働アナのワキ汗は雄弁に語っていた！
めちゃ緊張してるね…

13

大坂なおみの愛読書

『OPEN　アンドレ・アガシの自叙伝』（アンドレ・アガシ／川口由紀子訳）

タレント本的な軽薄な書物と一線を画す良書

カタコトの日本語を喋る人が、知的レベルまでカタコトであるとは限らない。

大坂なおみ選手の快進撃を伝えるテレビが彼女の「今日は見に来てありがとう」とか「(食べたいものは？　の質問に) カツ丼」のような無防備な言葉を「かわいい」と報じるのは、勇猛なプレーとのギャップがあればこそだろうが、そういう愛玩的な視線はときに、誤った侮りを相手に向けることになるだろう。

愛読書がテニス選手の先達、アガシの自伝というのも、侮ってしまいそうな「素直さ」の発露に思える（江夏の自伝を愛読書に挙げるプロ野球選手はいるだろうか）。

しかし、ちょっと読み進めただけで座り直す。これはタレント本的な軽薄な書物と一線を画す良書だ。異常なほどのスパルタでテニスを仕込む父親に鍛えられる幼少期から、細密な記憶を的確に描写して、ぐいぐいと読ませる。

少年時代、追い越し車線のドライバーと喧嘩《けんか》した父親が運転したままダッシュボードから銃を出し助手席のアガシ少年の鼻の真ん前で撃鉄を起こした場面など、多くを語らずに父の怖さ、異様さを伝えるその文章のうまさに感心する（訳文は誤字だらけでそこは残念だが）。

テニスで勝ち続けるというのは単に対戦相手との勝敗だけを意味しないようだ。好き勝手なことを報じるマスコミ（テニスは各国を転戦するから世界中のマスコミだ）や、内面の自意識ともアガシは戦い続ける。ハゲを気にして着用していたヘアピースがよりによって全仏オープンの決勝前日に壊れてしまう逸話は滑稽だが、**グランドスラム達成より全世界にハゲがバレる方が怖い**

という葛藤は、そこにたどり着いたものしか味わうことのない希有《けう》なものだ（若いころのアガシは、ライオンヘアーとでもいうべき長髪がトレードマークだった）。

希有な状況は活躍とともに広がる。ブルック・シールズとの交際や他の選手との戦い（舌戦含む）なども、内面の嫉妬や劣等感を隠さず（まさにOPENに）語る六百ページを読めば、誰でもテニスの底知れぬ醍醐味《だいごみ》と怖さが追体験できるし、俯瞰《ふかん》的な視点も持てる。

大坂さんは質疑応答で、今から冗談を言いますよ、とわざわざ前置きすることがあるが、マスコミというものに「応援」している気配がある。気づけば愛玩の眼差しを向けるマスコミや我々が、聡明な彼女の中で冷静に分析され、評価されるのだ。

ベースボール・マガジン社・品切れ
（18／11／6号）

【補遺】その後の大坂なおみの言動は、国際的な人種問題についての重要なメッセージが増え、公人としての意識の高さを感じさせるのに対し、ＣＭで彼女を起用する日本企業の「愛玩」とのギャップがますます激しくなった。

Why don't you ask me about Tennis...?
アガシと松岡修造
どっちがタイプ?
長嶋有の
小説は
読みますか
パシャ
日本の
マンガでは
何が好き?
OPEN

14

大谷翔平の愛読書

『チーズはどこへ消えた？』（スペンサー・ジョンソン／門田美鈴訳）

「どこへ」と問う題名でありながら「気にするな」が答えの本

以前、上野樹里の愛読書を買いに行ったら、オビに堀北真希の推薦文が載っていて驚いた。本一冊につき有名人一人まで愛読可というルールがあるわけないのだが、君たちさあ！　と不平を言いたい感じ。

有名人の愛読書は、彼らの発言で知るよりも前に、本の側が宣伝で伝えてくることがある。今回の大谷君の愛読書も、駅の大きな看板広告で知ったのだ。

書店でみつけると、もちろん本のオビにもその旨記載されていた。またそのオビがかなり大きく、**チーズの色じゃなくて半分くらい（日本）ハム色になっている。**彼のバストアップの写真を大きく配しているのはまだしも、「あの大谷翔平」の愛読書と書いてあるのがすごく下品。

本のオビでもなんでも「あの」○○がという平仮名二字の強調には、ほら、あなたもご存じの、あれですよ、ね？　とうながす者の下卑た笑みが感じ取れる。大谷君は気にしてないんだろうが、「あの」はやめてあげてほしい。

さて、この本のどういうところがよいのかを彼が語ったテレビ放送（があって、再び本書は売れ始めたらしい）を見逃したので、彼ならではの本書への見解は（「愛読書」であるという以上には）分からない。でも、十分だ。どういうところがよいか、見解が割れる本ではない（彼に似合うとは思う。チーズが似合うのだ。なにしろ栄養がみちみちと行き渡ってそうな健康的な肌と体つきだから）。

初めて読んでみて驚いたのは筋ではなく本の構成だ。大事なものの象徴であるチーズが不意に消えることで悩んだり行動したりする筋書きの、その前と後ろに、この話がいかに示唆に富んでいるかを語り合う人々のやり取りがあるのだ。

『ごんぎつね』の後に、狐《きつね》を間違えて撃ってしまった兵十さんの悲しみはいかばかりか、「感じ方」をあらかじめ書いてくれているようなものだ。自己啓発書だとは分かっていたが、啓発って、そこまでやってこそか。なんだか恐れ入った。

筋の部分は、チーズと迷路での人々の暮らしが現実の「比喩」として、今一つうまくいってない気がするんだが、そんな理屈を大谷君は言わないだろう。きっと、気にしない。

「どこへ」と問う題名でありながら「気にするな」が答えの本だから。その大活躍をみるに、読む前からすべて会得していたようだ。彼に便乗しまくっているかつてのベストセラーに対し「得したな」とさえ言いたい。

扶桑社
（17／7／25号）

いってきまーす
アレ? 大谷はどこへ消えた?
メジャーに行きましたけど?
キョロ
キョロ
モグ
モグ
B
BOURBON
F
FIGHTERS

15

CELEBRITY

加藤シゲアキの愛読書

BOOK

『キャッチャー・イン・ザ・ライ』（J・D・サリンジャー／村上春樹訳）

いつか加藤君と本の話をしてみたい

NEWSの加藤シゲアキ君の、テレビや女性誌ではあまり報じられていない「神対応」をご存知だろうか。

ツイッター文学賞というものがある。書評家の豊﨑由美さん、杉江松恋さんらが主宰して始めたもので、SNSのツイッターで投票するシンプルな賞だ。昨年までは読書好きによる「知る人ぞ知る」賞だったのだが、NEWSのファンが気づいてしまった。加藤君が刊行した小説『チュベローズで待ってる』（扶桑社）に投票しよう、と一部のファンが呼び掛けてしまい、あり得ないほどの得票が集まった。その際にファンクラブ限定サイトで加藤君が放ったメールが、なんだろう、この行き届き方は！　と感嘆するほどに全方位に気配りの満ちた文章だった。豊﨑さんを始めとした賞の主宰者への敬意、応援のつもりで投票してくれたファンへの慮りもみせながら、やんわりと組織票的な投票を戒めた。

僕が感心したのは、彼がただ小説好きだというだけでない。文学シーンや、その中にたくさんある「文学賞」というものの、個別にもつ特色や魅力さえも彼がきちんと把握していたことだ。ただ「組織票はやめて」ではない。ツイッター文学賞のムードや醍醐味に照らして、そぐわないことはやめよう、と。そんなの分かるだけで、ある意味プロだよ。むしろそれで、加藤君の小説読まずにフラフラーと一票投じてしまいそうだった（台無しだ！）。

そんな彼が愛読書に挙げるのは青春文学の金字塔『キャッチャー・イン・ザ・ライ』。中年の僕には超不似合いな一冊だよ。

鋭敏な感受性を持つゆえに周囲の人の欺瞞《ぎまん》を許せない主人公ホールデンの述懐なのだが……**なんかこう『オバケのQ太郎』みたいだ。**ホールデン、全体にフラッフラしてるし、弟や妹を大事に思い常に心配しているが、彼らより本人が一番面倒くさいところや、口説きたい女子の前で台無しなことを言っちゃうところ、完全に『オバQ』の絵柄で浮かんじゃった。

加藤君はこれ、もちろん愛読書だろうけど、「読書をしない若いファンに特に薦めるとしたら」という意味でのチョイスでもあるだろう。先の対応をみても、加藤君はホールデンよりはるかに大人だ。いつか彼と本の話をしてみたい。これってオバQみたいだよねえとバカみたいな感想を言っても、微笑して聞いてくれそうだ。

白水社・ペーパーバック・エディション

（18／4／24号）

【補遺】21年には『オルタネート』が直木賞候補、そして吉川英治文学新人賞を受賞！　彼と僕との対談までの距離は果たして縮まったのか、遠のいたのか？

みんなの気持ちは素直に嬉しい
でも文学賞にそぐわないことはやめよう
シゲアキ！
ごめんね
OK シゲ！
やめろ！
わかったわ シゲアキ
シゲアキ君の神対応に一票〜
つう
チュベローズ

16

川島明（麒麟）の愛読書

『ベイブルース　25歳と364日』（高山トモヒロ）

「売れたくて」頑張る、その修羅

有名人って、有名になりたくてなるのだろうか。多くの有名人は否定するだろうが、実際は露骨に「有名人になりたくて」目指した人もたくさんいるはずだ。

目下テレビで大活躍する川島さんがどんな動機でお笑いを志したかは分からないが、愛読書に挙げた『ベイブルース』（今回はご本人に直に質問しました）に、一つのヒントがみえる。

わずか二十五歳で夭折《ようせつ》した漫才師との思い出を、そのコンビの相方が綴った伝記だ。

高校の野球部で出会い、野球では大成しなかったが常に部員たちを笑わせていた河本と高山（作者）がコンビを組み、吉本の学校に入学する。

最初から、自分のお笑いは劣っていたと作者は書く（謙遜もあろうが）。河本も容赦がない。才能ないなら「精密機械になれや」と高山に命じる。「才能ないからやめろ」ではないのが優しいようで、厳しい。

高山は「元々、お笑い好きではなかった」のに、精密機械のツッコミを会得せんと練習に励み、コンビは徐々に売れ始める。劇場やテレビの出番が増え、専属のマネージャーがつき、ＣＤデビューまで決まる。全国進出もみえてきた。

先輩のトミーズ雅らにかわいがられたり、同期の連中と朝までつるんだり、楽しく軽快に綴られる回想の要所要所に、河本の苛立《いらだ》ち、激しさがみえる。子供ができたと無邪気に喜ぶ高山に河本は「お笑い界の波に乗る」ため「若い世代の女の子」にウケたいから、所帯じみた子供の気配をさせるな、と冷水を浴びせる。漫才だけでなく若者向けのコントも取り入れてみたり、垢抜《あかぬ》けるために河本は十五キロものダイエットもする。お笑いをやりたいのは嘘ではないが「売れたい」のも本当で、厳しく戦略をたてるのだ。

結果も露骨だ。テレビの露出が増えると冷淡だった父親は喜び、態度を豹変《ひょうへん》させる。

作者はいつしか「一本のロープ」をみる。相方は摑《つか》みかけて、自分も飛び上がれば摑めそうなロープ。河本が急逝し、精密機械だけ取り残されてからの苦悩も含め、気付けば**読者も不気味に揺れるロープを見続けることに**なる。

「売れたくて」頑張ることを本書は否定しない。むしろその修羅がここには著されている。「漫才できることや相方と頑張れていることに感謝できました」とは川島さんの評。彼の著作『ぼくをつくった50のゲームたち』（文藝春秋）にも、若かりしころの回想が出てくる。なかなか目が出ないことに不安を抱きつつ、先輩（次長課長の井上）に遊んでもらい、同期の芸人たちと夜遅くまでつるんでいる姿は『ベイブルース』で描かれる漫才師の姿とまるで同じ。ということは、テレビ画面ではいつもにこやかで、軽やかに活躍する川島さんにも、このロープはみえ続けているのだろう。

幻冬舎よしもと文庫

（21／1／5・12合併号）

川島〜
ロープ掴んだぞ〜
そんなラクして
掴めるロープ
じゃないぞ……

17

CELEBRITY

北川景子の愛読書

BOOK

『塩狩峠』（三浦綾子）

彼女の感想は棒読みじゃない。多分本気だ

北川景子で断然よかったのは16年の（ＤＡＩＧＯとの）結婚記者会見だ。

今は芸能人は不祥事も結婚もＦＡＸで報告する時代だ（逆にファクシミリという手段を、芸能人のなにがしかの報告でしかみなくなった）。

ＦＡＸで簡潔に、じゃなくて普通にテレビで会見をするのは、顕示欲が強いのでなく、逆に衒《てら》いがないんだと思う（福原愛などもそう）。会見時の幸せオーラ満々の笑顔も、自意識のまるで感じられない、無防備なものにみえた。

一方で、女性誌で読書歴を問われた際の彼女は「お手本」のような回答をしている。「たった一冊で世界は広がる」「自分というからっぽの容器にちょっとでも何かを入れていきたい」と読書の効用を語ってみせる（『ＭＯＲＥ』14年10月号より）が、それもどこか紋切型だ。

少女時代に「衝撃的」だった『塩狩峠』には「自分ならできるだろうかと、深く考えさせられた」そうだ。なにをできるか考えたかというと、**暴走列車を自分の命をも顧みずに止めること**をだ！

クリスチャンとして生き、私利よりも自己犠牲を選んだ立派な男の生涯を描く感動的ベストセラーに対する感想としては、すこぶるまっとう。読書感想文で先生がとりあえず納得してくれそうな言葉を書いたようにみえちゃう。

でも、その感想文みたいな文言も、彼女の場合は棒読みじゃない。多分本気だ。

作中の主人公は初めから聖人君子というわけではない。キリスト教を耶蘇と嫌う祖母に育てられたせいもあり、父母の入信をすぐには受け入れられない。

この内面の悩みが本書の主成分。主人公の内面で渦巻く宗教的な考えと葛藤がもっぱら描かれるが、筋書きは妙にスムーズで、主人公は簡単に周囲の人に慕われ、英雄になる。

これをただ感動したという人には浅い印象を受けるが、しっかり受け止めて好きと言われると、その素直さは美徳に思えてくる。

映画『スマホを落としただけなのに』では、喜怒哀楽を（特に怒と哀を）顔面で過剰に表現していて、若干面白くみえちゃうくらいだった彼女だが、演ずることに対してもとても素直なのだろう。演ずる際も「からっぽの容器」という自覚があるのかもしれない。今後も役を選ばず、役者としても、記者会見でも驚かせてほしい。

新潮文庫
（19／1／15・22合併号）

ポーーッ!
止まって
塩狩峠
北川景子主演
スマホを落として
暴走列車を止めた
だけなのに

18

黒木華の愛読書

『ミシン』（嶽本野ばら）

いやらしい意図を感じさせない無防備さ

インタビューで彼女がこれ以外に挙げた愛読書は『コインロッカー・ベイビーズ』と『窓ぎわのトットちゃん』。「栄養バランスがいい」という言い方が浮かぶ。無難すぎず、浅すぎず、インテリすぎず。

一冊だけだったらそれぞれ普通かもしれないが、この三冊を同時に挙げられる人はいそうでいないと思う。『窓ぎわのトットちゃん』というベタなベストセラーが、絶妙に効いている。**初球、剛球を放ってきたな**という感じだ。

こうして二球、三球と続けられると、頭をよくみせようとか、個性をみせようという狙いがあって書名を挙げているのではなく、純粋に読書が好きなんだろうとしか洞察できない（まぁ、そもそも「狙い」を邪推する読み方がどうかしてるのだが）。

『ミシン』には小説が二編収録されているが、どちらも孤独な少女の話だ。学校や家庭に馴染《なじ》めず、常識や多数派に囲まれて逼塞《ひっそく》した少女がカリスマ的な存在と出会い、救済の光を感じて病的なほどに入れあげていく。どちらのカリスマも強い「美意識」を徹底させている。特に服飾に対するこだわりと審美眼が高く、そのセンスも十代女子読者の心を摑《つか》むのだろう。ブランド名が（Vivienne Westwood と全箇所英字表記で）略されずに何度も連呼されるのが、最初のうちはこっ恥ずかしかったが、ただのアイテムという以上に熱い思い入れで登場させていることが伝わってくるし、うぶな少女読者もその真実味にうたれたはずだ。

カリスマにまんまと肯定してもらえる展開も、破滅的な結末となることも、どちらも思春期の少女の憧れといえるし、黒木さんの「もう何度も読み返しています」「サイン会&握手会に行ったことがある唯一の作家さん」(「HOLICS」17年インタビューより)という語りには衒《てら》いがない。

とはいえ「いろいろな意味で不自由な人がたくさん出てきて」という感想は、主人公だけでなく「カリスマ」側のことも俯瞰《ふかん》している。ただのウットリ読者ではないことが窺《うかが》える。

あとの二冊がよりベストセラーなので、この一冊が(これもヒット作だが)スパイスのように香る(しかも、深く思わせようというやらしい意図は感じさせない、なんと無防備な三冊)。

いや、連載冥利《みょうり》に尽きたな、今回。

四冊目五冊目を聞いたら、さらに驚かされそう。

小学館文庫

(19/9/17号)

いただきまーす♪
栄養バランスがいい!!

19

CELEBRITY

BOOK

小池百合子の愛読書

『失敗の本質　日本軍の組織論的研究』（戸部良一ほか）

「分かった気」になる気持ちよさ。読後感はむしろ娯楽！

この連載開始以来のてごわい本だぞ、とまず思った。

著者が連名で六人。いずれも大学教授。かつての日本軍の「失敗」理由を仔細《しさい》に検証する、学術的な書物だ。

連日、服のコーディネイトが話題になるほど派手な都知事だが、愛読書は妙に地味なの挙げたねえ。オッサンたちになめられまいという気持ちもあろうか。

我々が「先の大戦」または太平洋戦争と呼ぶ戦争を、そうではなく「大東亜戦争」と、「敗戦」ではなく「失敗」を語るのだ、と言語を細かく定義して始まる序章の理屈っぽさは、研究論文ぽいと思いつつ、意外な親しみやすさも感じる。

ていうか超読みやすい！

戦争の失敗は広く国民に知られるべきだから「平易」な文章を心がけたと序章にある。まさに「組織」として著者たちは「目的」をきちんと把握している。ノモンハン事件、ミッドウェー海戦から沖縄戦までの六つの戦闘を丹念に検証していく。

説明は平易どころか丁寧すぎだ。繰り返し似たことを言われるうちに分かった、もうみなまで言うな、という気持ちにさえなってくる。

要は、会社の人がよくいう「ほうれんそう（報告・連絡・相談）」だ。戦場という現場で働く師団と、中央の大本営との間の連携のまずさを日本軍は繰り返す。

もう一つは「成功体験への固執」。戦艦で敵に勝ったもんだから、飛行機の時代になってもでっかい「大和」とか作っちゃうのは、モテてた時代のメイクのまま年をとったババア、だ。

戦闘六回分、それらを語って第二章以降では、「それに対して米軍は違っていた」ということと比較して総括。浅い本ではなく、庶民レベルでも戦争の知ったかぶりをなくせる良書と思う。

しかし、学術的な読書と怯《おび》えていたはずが、本書の読後感はむしろ娯楽に近い（元々の版元も、戦争の専門書の会社ではない、カジュアルなビジネス書などを出しているダイヤモンド社だ）。この読後感に似た気持ちは**ヤクザ映画を観終えて劇場を出てきた男が肩で風切って歩く感覚**だ。すっかり健さん気分、みたいに「分かった気」になる気持ちよさ。演繹《えんえき》的、帰納的とかコンティンジェンシー・プランなどの「用語」も「それ気分」に貢献。オッサンになめられまい、ではなく彼女はマインドがおっさんなのかもしれない。

中公文庫
（17／3／21号）

あの人たちと同じ失敗はしないわ
おはようございます都知事！
失敗
今日の百合ちゃんのファッションコンセプトは？

20

河野太郎の愛読書

『ツバメ号とアマゾン号』（アーサー・ランサム／神宮輝夫訳）

「ごっこ」であることも律儀に描写、臨場感あふれる冒険譚

河野さんがまず挙げる一冊『水源』（原題 *The Fountainhead*）は千ページ超の大著（アイン・ランド作）。留学中に原書で読んだそうだ。「リバタリアニズム（自由至上主義）」という思想に影響を与えている世界的ベストセラーらしい。政治家が政治思想に関連する本を原書で読んでい

るということに軽い安堵《あんど》がある。読まずに安堵してはいけないが、他に取り上げている政治家たちがエンタメの、食べやすい菓子みたいな本ばかり挙げているので、比較で一応は政治家なのだと思える。

もっと若い頃に氏が愛読したのが『ツバメ号』シリーズ。海洋冒険の児童文学だ。冒頭、遠国にいる父から主人公たち四人兄妹に電報が届く。子供だけで島へ冒険してよいと、許可を告げる内容だ。

河野さんは「うちも米国留学の時は『行け』という感じだった」と振り返る。「おやじ（河野洋平元衆院議長）から『ちゃんとやるだろう』と思われているから、こっちも『ちゃんとやらなきゃ』と思っていた」と、自身と自分の父の態度に重ねる。「自分も3人兄弟の長男。主人公の弟妹への責任感に共感する部分もあった」とも（『毎日新聞』18年4月24日付より）。

冒険の手前の、ヨットの準備がとても入念だ。手順の説明を少しでも省いたら作中の船も動かないと作者が思っているかのよう。不在の父親に信頼してもらったことの責任と誇りを胸に、兄妹は凛々しく機敏に立ち回る。出航後の野営、料理なども手順が細かく描写され続けるので、冒険には強い臨場感が伴う。

だけれど、ごっこ遊びでもある。湖畔に暮らす兄妹は、大人たちを原住民に、湖を大海に、小島を無人島に見立てているが、ちょっとヨットを操れば半日かからずに自宅に戻れる。生死を賭けた真の冒険ではない。作者は「ごっこ」であることも律儀に描写するからこそ、ワクワクした雰囲気が描けているのだともいえる。

だから河野さんのやってることも所詮はごっこ、などと短絡したいわけではない。むしろ本書を「今でも何もすることがない日曜日に読み返」す、冒険心や冷静さを忘れてないのだとしたら（そうした人を政治の舞台に送り込んでいることに）多少の安堵の気持ちが湧く。

……一方で当人のブログによれば「以前は、電車の待ち時間とか、会議が始まるまでの5分とかに」読書していたが「ツィッターを始めてから」すべてツイッターになったともある。えーっ！　たしかに、河野さんといえばツイッターでのふるまいがしばしば話題になる。でも、そっちの海原こそ**本質的なもののない「ごっこ」の世界かもしれない**ですよ。

岩波少年文庫・上下巻
（20／11／24号）

兄ちゃん出発するよー
そっちの「ごっこ」は…
TSUBAME
TWITTER
はやく、
ちょっと待ってろ
いまツイート
投稿するから♪

21

CELEBRITY

カルロス・ゴーンの愛読書

BOOK

『愛と心理療法』（M・スコット・ペック／氏原寛・矢野隆子訳）

精神科医が説く、精神的成長についての本

これまでたくさんの誰かの「愛読書」を読んできたが、一番、その人（愛読書に挙げた人）の声音で聞こえてくる本だった。「へえ、ゴーン、恋愛は妄想って断じちゃうんだ」とかついつい思ってしまう。言ってるのゴーンじゃない。ペックさんなのに。

もっとおかしいのは、僕はゴーンが普段どんなことを言ってるか、大して知らない。たまに見るニュース映像や、逮捕されてからの報道で、勝手に言葉（というか口調）を想起してしまうのだ。

精神科医が説く、精神的成長についての本だ。問題について「先送りしたり思考停止せず、遠回りして自分を高め続けて対処せよ」と自己啓発的なビジネス書でいかにも言われそうな言葉を、精神の充実のためにこんこんと説諭する。

つまり、退屈だ。たとえば人が現実を捉えることを「地図」にたとえ、それは正確でなければいけないし、のみならず「絶えず改訂」する努力をしなければならないと説く。努力や遠回りが重視されるのは、経営者がいかにも好みそう。

鬱や依存などについてはさすがに精神科医の言葉になる。そして題名にある「愛」についての章は、別に斬新な言葉はないが、ビジネス本では語られないような話題で退屈しない。

文中、なにかを列挙することがあるが、それが四つだったり六つだったりする。あれ、と思う。**こういうときビジネス書って「三つ」にしない？**「なぜあなたの人生がうまくいかないか。理由は三つある。第一に……」という感じに、例示＝三つがセオリーな気がしてたから、「第四に」

が始まって面食らった。え、そんなに覚えなきゃいけないのゴーンさん（じゃないんだが）。つまり本書は最近のセオリーで書かれてない。

また、依存や鬱については患者の実例を交えた具体的な話がでてくるが、へえ、なるほどと思わない。既になにかで知っている症例ばかり。

それで不意にこの本、いつ書かれたんだと初出をみたら1978年！　四十年前の言葉だった（日本刊行の初版は1987年）。いつの本推薦してんだよ、とゴーンに文句言いたくなっちゃうが、本当に四十年前に読んで感銘を受けたのなら仕方ない。ゴーンさん少しも悪くない。でも、なんだかここで（勝手に）生じた（愛読書って言ったら、もっとこういうものじゃない？　という）「ズレ」は、彼と日本（人）との通じ合わなさを示唆しているようにも思う（日本の社長とかやってても、根本的に違う文化の人だったわ、という感じ）。この遠回り（？）も成長の糧（？）としたい。

創元社・品切れ
（19／8／6号）

この著書で被告人は「恋愛は妄想」と言ってますが、本心ですか？
ですから裁判長 それ私が書いた本じゃないんだが…
愛と心理療法

22

CELEBRITY

堺雅人の愛読書

BOOK

『謎解き『ハムレット』 名作のあかし』（河合祥一郎）

気安い題名とうらはらに中身はガチ

目下、大河ドラマ『真田丸』主演中の堺雅人さんだが、この人はまあ、本当に読書家だ。長期連載のエッセイ（『文・堺雅人』シリーズ）をみても、その片鱗がうかがえる。

普段から「文庫本を一、二冊持ち歩いている」し、荘子や世阿弥の言を引いて語ることも多い。

村上春樹の『1Q84』の（書評ではなく）「感想文」では過去の春樹作品を踏まえて語ってみせるし、『カラマーゾフの兄弟』の三兄弟の性格を「三成分」に捉えなおし、あらゆる人物の性格を成分で考えたりしていて、なんだかおみそれである。だが、**ただのインテリではなく、彼の知的好奇心はほぼすべて「役」のために向けられている。**演ずるドラマの原作を読み込むことはもちろん、ときに「役者」や「俳優」という言葉の定義を知るため、書に「あたって」いるのだ。

あるときは「ハムレットについてぼんやり考えていたら」撮影セット内の書棚に『ハムレット』が並んでいることに反応し喜ぶのだが**「ハムレットについてぼんやり考えている役者」って、ベタすぎる！**　ワシントンのことを考えていて伝記を読み始めた政治家とか、いるだろうか。

で、河合祥一郎『謎解き『ハムレット』名作のあかし』をオススメしているので読んでみた。

「謎解き」などと気安い題名とうらはらに中身はガチだった。すでに先人たちの研究が手厚いようで、それに倣ってかもろに批評的な文体。だが、決して読みにくくはない。

「優柔不断で虚弱な哲学青年」と印象づけられるハムレットの誤解を、当時（つまりルネッサンス期）の時代背景や考えを丹念に探ることで解いていく（誤解されていった理由まで、キルケゴールから小林秀雄まで大勢の論を引き、例証が多すぎというくらいに豊富）。作者であるシェイクスピアが影響を受けたであろうギリシャ神話と照らし合わせての読み解きも例の挙げ方がハンパなく、冴《さ》えがあり、素人の膝も叩《たた》かせるが、さらに堺さんは本書を読むことでハムレットの「現在」と、「将来なりたい姿」にまで思いを馳せている。

たまたまだが今、彼が演じている真田信繁もまた、常にハムレット的なジレンマの中に居続ける。併せて読むことで、演じる彼の考えも少し摑《つか》めそうだ。大河ドラマの視聴と並行して読むのを薦めたい一冊だ。

ちくま学芸文庫

（16／5／24号）

堺さん・・・その衣装はちょっと・・・・
やっぱダメですか
ハムレットの衣装

23

CELEBRITY

坂上忍の愛読書

BOOK

『真昼の悪魔』（遠藤周作）

ベストセラー作家のマイナー作という「あえて」のひねくれ方

僕の記憶で坂上忍といえば麻雀《マージャン》番組の他は『クイズ！　年の差なんて』だ。九〇年代のクイズ番組でヤングチームの一員だったのだが、周囲の誰も覚えてなかった。「中山秀征と間違ってない？」という。秀ちゃんも出てたが坂上忍もいたんだよ！　とムキになったが、それくらい当時の彼は「無味無臭」だった。だから**漠然と「ヤング」としか括《くく》れなかった彼が、毒舌で人気再燃**した。昼のバラエティに出演する彼は、べらぼうに面白いわけでもないが、不思議な存在感を醸し出す人になっていた。

彼がインタビュー（『ダ・ヴィンチ』14年6月号）でお薦めしていたのはベストセラー作家の長編『真昼の悪魔』。同じ作者でも『海と毒薬』などの代表作ではない。ベストセラー作家のマイナー作という選びのひね方が独特。

で、読んでみた。これは（全作読んでいるわけではないが）遠藤周作の中でも、うーん、低調な作ではないか。四人の女医が登場する。そのうちの誰かが、悪意を抱いて院内に気味の悪い事件を起こし続ける。患者の一人である若者が気付き、誰が犯人かを探るミステリーだが、女医が四人とも無個性で、書き分けがほぼないので興味がわきにくい。女医の一人が催眠術の使い手で他者を操りまくるのは当時のオカルトブームの反映だろうが、ご都合主義だ。

しかし坂上忍はこれを「五回は読んでる」と。犯人の動機の希薄さに、人間という生き物の恐ろしさを感じ、誰もが悪になり得ると知ることができると語る。そう言われれば、とは思う。「虚無的な悪」は九〇年代以降にアニメや漫画などで散々描かれて新味がなくなったが、それらの登場前には斬新な人物像だったろう。
彼の自著（『偽悪のすすめ』）によれば、父親から「国語の代わりに小説を読め、数学の代わりに麻雀をやれ」との言葉をうけた（いい教育！）。彼の麻雀のハマリ方を思えば小説もさぞかし熱心に読んだことだろう。同著によれば、小説を読む際、ある作家を一冊読んで、作者を分かった気になっても「必ず次の作品も読むようにしています」とある。遠藤周作も、もちろん代表作も読んだ上で、あえて別作品を挙げているのだ。
彼のテレビ出演も、ある時代だけをみても摑めないが、彼の小説の読み方に照らせば分かる。「真昼の」活躍をする今が代表作とみてもいいし、今後また沈んでも、一貫した態度でいることだろう。

新潮文庫

（16／6／21号）

【補遺】『真昼の悪魔』は17年にテレビドラマ化。坂上は最終回に出演している。その際のインタビューでは同書を「20回ぐらいは読み込んでいて」と、十五回も増えている（マイナビニュースより）！

サ行

24

佐藤健の愛読書

BOOK

『四月になれば彼女は』（川村元気）

洒落た恋愛小説と似て非なる、冷めたクレバーさ

有名人の中でも俳優が愛読書を語る場は、主演映画公開にあわせてのインタビューが多い。だからその映画の原作者の（映画化作品とは別の）本を語ることが自然、多くなる。それはサービスの可能性もあり、真の意味の愛読といえるのか（この連載をしていると）悩む瞬間だ。

佐藤健が愛読書『四月になれば彼女は』を語った取材（Ｗｅｂダ・ヴィンチ、18年10月掲載）も主演映画『億男』の宣伝時期のもので、同映画は同じ作者の別の小説が原作だ。作者と親しいゆえのチョイスなのか？　とまずは思う。だが、彼は本作を単行本でなく雑誌の「連載第一回から」読んでいたというのだから、本作を熟読していることはたしかだ。

結婚を控えた精神科医の主人公のもとに、かつての恋人からエアメールが届く。大学の写真部時代の、元恋人との甘く苦い記憶が思い出される中で、セックスレスなのに今の恋人との結婚式の準備を淡々と進める自分の空虚な心をみつめ直し、恋愛とはなにかを思索していく恋愛小説だ。エアメール、フイルムカメラなど、近過去の恋愛ムードを醸し出すのは確信犯だろう。文中には満たされた暮らしを象徴するような台詞が適材適所で配される。

バング&オルフセン（のスピーカー）でビル・エヴァンスをかけ、チーズと（パンでなく）バゲットをヒースセラミックスの皿に載せ、線の細いフォークとリーデルのワイングラスで食しながら映画をみる。そういう「素敵さ」をなめらかに列挙しながら、別に少しも素敵だと思っていない気配がある（名詞のいかにもな「良い暮らし」感に、作者の微量の悪意さえ感じ取れる）。「良い」生活を否定しないが、ウットリもしない。熱烈な恋情を日食にたとえ、一瞬の重なりあ

サ行

いとしながら、無駄だと決めつけもせずに思索し続ける。八、九〇年代の洒落《しやれ》た恋愛小説と似て非なる、冷めたクレバーさが本作にはある。

佐藤健にも同質の気配を感じ取る。知人にオススメ本を聞かれたらいつも「この小説を紹介して、感想を聞くようにしてい」るという。決して「オススメしている」のではないところに注意。作中で主人公を取り巻く様々な女性たちを「どう捉えるかで、その人の恋愛の価値観がわかるような気がして（笑）」って、なんつうリサーチかよ！

本誌（『女性自身』）3／10号でも紹介された佐藤健LINE公式アカウントだが、一説では**登録者からの言葉を彼、読んでるらしい**。もちろん全部ではないだろうが、辻褄《つじつま》のあう返信がたまに来るのだという。そんなの好きになっちゃう！　でも、スマホの向こうでは決してウットリではない表情で彼は思索しているのだ！

文春文庫

（20／4／21号）

【補遺】公式LINEでこの連載で取り上げたことを教えてあげたが、今んとこ、特に個別の返信はないなあ。

サ 行

佐藤健
四月になれば彼女は
この本読んでくれたんだって？
感想聞かせてよ.
健くん!?
ドキッ
なんで読んだこと知ってるの!?

25

菅義偉の愛読書

『豊臣秀長　ある補佐役の生涯』（堺屋太一）

首相を補佐する官房長官が挙げる一冊……自然すぎる！

愛読書を聞かれて答えた本が、本当の愛読書とは限らない。疑うのもどうかと思うが、菅官房長官の愛読書は、本当ですか菅さん？　とついつい思ってしまう。また別の観点から、**愛読書を言うって「自分っぽい本を挙げる」って意味じゃないですよ**と一応教えておきたくさえなる。

豊臣秀吉の弟で、天下を統一した兄を助け、自分自身は存在感を発揮しなかった男、秀長の実像に迫る一冊だ。

愛読書に挙げるのだからもちろん、読んだだろうし感銘を受けたろう。歴史小説家ではない、堺屋太一が著している。織田信長や秀吉の「天下取り」ではない、彼らの政《まつりごと》がいかに画期的だったかを分かりやすく小説の形で説いてくれる。

しかし、巻末に参考文献がまるで載っていないのが気になる。そもそも、秀長という男については記録がほぼないのらしい。だから本文も「恐らく」とか「に違いない」という推量が多めだ。むしろ小説として、のびのびと想像して（勝手に秀長の人格を決めて）書いている気配もある。

読めば徹頭徹尾、彼の縁の下の力持ちぶりが描かれ続ける。秀長は「所詮は『補佐役』に適するように生まれついている」と自己を評価して、合戦に向かう兄の留守を守る。地元の年貢の取り立てなどを実地で差配し、現場を調整して政治基盤を整える。秀吉が城の石垣の修理を驚くほど短期間で終えた逸話などは僕でも知っていたが、アイデアを出すのは秀吉でも、現場でいがみ合う作業員を仲裁したり炊き出しを振る舞うなど地道な仕切りをするのが秀長で、いわば歴史の「総務」が描かれている。

だから、首相を補佐する菅さんが愛読書として挙げるのは自然だ。というか、ちょっと自然すぎる！

菅さんが生涯官房長官でいるならば、まあいい。しかし「平成」の札を掲げた小渕さんが後に首相になったことを思うとき、遠からぬ将来の、総理の席に座る彼の姿も容易に浮かんでしまう。その際、愛読書を訊《き》かれて『太閤記』を挙げて「……あれ、菅さんたしか秀長挙げてませんでしたっけ」ということにならないだろうか。かといって、愛読書を変えなければ変えないで、いいのかなと思う。「縁の下」では困るよ菅さんってならないか。余計なお世話だが。

文春文庫・上下巻

（19／6／25号）

【補遺】菅さんが総理になってから、検索をかけると上位に出てくる「愛読書」は『リーダーを目指す人の心得』（コリン・パウエル、トニー・コルツ著／井口耕二訳　飛鳥新社）になった。

それは本当に愛読書なんでしょうか？
あなたに答える必要はありません
豊臣秀長
自分っぽい本をあげただけでは？
女性自身

26

貴乃花の愛読書

『横綱の品格』（双葉山 時津風定次）

ムードだけを真似しても身につかない話術

不惜身命《ふしゃくしんみょう》という四字熟語を聞いたときから、大丈夫かなこの人と思った。つまり、貴乃花に関しては大丈夫かなと思ってからがずいぶん長い。横綱昇進時（94年11月）の口上で用いた言葉だが、およそ若者の語彙《ごい》ではない。

まだ若いのに博識だな、とはどうしても思えなかった。感じ取ったのは「無理して頭よくみせようとしている」だ。ファッションと同じで、着ることができても着こなせているかどうか、言葉はいきなり分かっちゃうものだ。

巨漢の大関、小錦の引退についてテレビでコメントしたとき、ものすごくしみじみした声色と表情で**「実に、なんともいえず……大きい……方でした」**と言ったのも忘れられない。体ではなく存在感が、という意味だろうが、その程度の補足もできないのに、口調だけは奥深げ。

今回の愛読書は、記者などにもよく勧めている（『夕刊フジ』17年11月29日付ウェブサイト）というから相当な愛読ぶりだ。

かつての大横綱、双葉山の自伝的随想である。読めばちゃんと中身があった。というか、無理して背伸びしていないどころか「浅学」と謙遜してみせる謙虚な文章で、とても読みやすい。丁寧な言葉遣い（「やはり〜であります」など）は貴乃花の口調にも似ている。また、有名な連勝記録が途切れたあとなど、周囲はいろいろ意見をいったが「自分としては、これという自覚もありません」と、きょとんとしてみせることが多い。

「そーゆー態度かっけー！」と貴乃花が取り入れたようにもみえる。

タ行

全体に素朴な回想で、訓話的な部分も相撲好きならよく聞くようなことばかり（なにより稽古が大事、技は頭でなく体で「感得する」など）。

驚いたのは、双葉山が宗教団体に洗脳されかけて行方不明になった事件と、右目の視力がほぼないということ。前者は当時の有名なトピックらしく「けっきょくあんな始末に」程度で、詳細は語られない。ただ「教育のない悲しさ」という述懐に、むしろ立ち直った者の聡明《そうめい》さをみる。

視力の件はいきなり出てくる。寺の住職に「みえないんだね」と言われて双葉山は驚くが、読者もだ。言いすぎずに回想を進める構成と話術、これは貴乃花がムードだけをどれほど真似《まね》しても身につかない。「感得」しないと！

ベースボール・マガジン社
（18／2／27号）

横綱の品格
親方はこの本を真似してるんですか？
自分としてはこれという自覚はありません

27

CELEBRITY

高橋一生の愛読書

BOOK

『檸檬』（梶井基次郎）

デカダンの一歩手前でとどまる軽やかさ

高橋一生は男性でも覚えるタイプのイケメンだ。目というか視線の位置が独特（ときどきあらぬ方をみているような）。さっぱりした生地の無地の服みたいな顔をしている。恋人にはなってくれないけど、邪険にもしないでくれそうだし、逆に少し意地悪にさえしてくれそう（勝手な見解を言ってます）。

愛読書が多い。少し調べただけで『檸檬《れもん》』『抒情小曲集』『シッダールタ』『アルケミスト』と四作も。特に『檸檬』と『抒情小曲集』は「繰り返し読む」（『週刊朝日』16年6月10日号インタビューより）そうだ。

特に『檸檬』に膝を打つ。なるほどこれは名文で、「繰り返し」読める。随筆のような事物の観察ぶりは、視覚や嗅覚を自然に発揮してなめらかに印象を伝えてくる。

（本稿冒頭では褒めておいてなんだが）ドラマ『カルテット』で敵に階段から落とされそうになったはずの彼が、次の回ではなんの説明もなく無傷でいる杜撰《ずさん》な展開に、少し前まで立腹していたのだが、『檸檬』読んでたらなんだか許せる気になりました。

描写だけでない、内容にも唸《うな》る。無頼だが、無頼すぎない。主人公の「私」は「えたいの知れない不吉な塊が私の心を始終圧《おさ》えつけていた」と暗い第一声の割に、京都の町をなにげなく散策して「詩美」を堪能している。みすぼらしい裏通りを愛好するが、びいどろの美しさに立ち止まってもみせる。**デカダンの一歩手前でとどまる軽やかさ**が発揮されている。

果物屋で手にした檸檬の冷たさに冒頭の「不吉な塊」も「紛らされる」のだが、そのことは檸

タ行

檬のすごさではなく「不吉さも微量である」ことを示している。「私」が丸善の書棚でみせるあの有名な稚気も「くすぐったい気持」といたって軽く描写されている。
この内容の軽やかさを高橋一生自身と同一視するのはむろん、安直なことだ。だが彼はこれを「繰り返し読む」のだとも思いなおす。彼自身（のリズムや眼差し）を構成するものとして、無縁とも思えない。少なくとも太宰の頽廃《たいはい》も谷崎の耽美《たんび》も百閒の不機嫌な暗さも、あの表情の男を生まないのではないか。檸檬を置いた主人公の「出て行こうかなあ。そうだ出て行こう」という実質なにも言ってない、どこか人を食った台詞を、いつか彼にも言ってもらいたい。

角川文庫
（17／6／27号）

出て行こうかなあ。
そうだ出て行こう
新刊
ちょっ!!
私の本の上に
何置いてんの

28

CELEBRITY

滝川クリステルの愛読書

BOOK

『星の王子さま』（サン＝テグジュペリ／河野万里子訳）

「子供だけが、なにを探してるか分かってるんだね」って、うるせぇよ

ムカムカする（クリステルにでなく、本に対しての感想です）。

子供向けの寓話《ぐうわ》の中で、大人が愚鈍でつまらない存在に強調して描かれるなんて、よくあることだし、目くじら立てて読むことではないのだが、それにしても大人の愚鈍さの描写が妙に念入

りだし、フェアじゃない。所有物の勘定ばかりしてる人。威張って指図ばかりする人。自分では調べにいかない学者。愚かさが個別に割り振りされて、単純化されたら誰でも愚かに決まっている。人間ってもっと複雑だろうに。

そんな彼らに対し、王子様は常に上から目線で批評だけして、少しの優しさも発揮せず、啓蒙《けいもう》や忠告さえしない。

特急列車に揺られる人に（急いでいても）「なにを探してるか分からないんだね」と十把《じっぱ》一絡《ひとから》げに決めつけ「子供だけが、なにを探してるか分かってるんだね」って、うるせえよ（クリステルに言ってません。王子に言ってます）。

さまざまな星を旅してきた王子と出会う「僕」も、王子と大差ない。子供の頃に描いた落書きを大人たちに理解されなかったことをずーっと根に持っている。同族意識から、ほとんど恋愛に近い感じで惹《ひ》かれあう二人。やがておセンチな別れを迎える。

しかし、僕のようにむかつくことなく、本書の寓意や詩的な言葉を楽しめた人でも、これを愛読書に挙げることのド直球感にはビビるのではないか。なにしろ「すぐ読める」「ベストセラー」だ。

愛読書を聞かれたとき、どう思われたいか計算して答えたら、それは王子がみてきた「大人」だ。でも、彼女には裏はなく、本当に繰り返し読んで「今は原書で読み返している」そうだ（『BRUTUS』06年6月号インタビューより）。……原書ってフランス語だろうな。**王子の星の言語じゃないよな。**

キャスター時代に云々《うんぬん》されたのが報道姿勢じゃなく「映る角度」だったり、五輪招致のスピーチもオモテナシだけ有名になったり、結婚会見の場所も謎で、前から実態を摑みにくい人ではあったが、分かりやすいベストセラーを挙げてなお、浅い人か深い人かが分からない。

作中の重要な台詞「大切なものは目ではみえない」が彼女にもあてはまるのか。大切なものが「ない」んじゃないかと思わせる空虚で不思議な気配も、彼女にはある。

新潮文庫（ほか、各社より様々な翻訳で刊行）

（19／10／15号）

大切なものが……
ない……？

29

CELEBRITY

田中圭の愛読書

BOOK

『新装版　毎日が冒険』（高橋歩）

夢見て、やってみる。失敗するけど諦めない

昨年ブレイクした人といえばこの人だろう。『おっさんずラブ』が出世作だ。男性同士の恋愛をカジュアルに描いたことが話題であり、従来の表現では難しく思われたことがすんなり「普通に」できた理由の一つには、彼の醸し出すムードもあったろう。

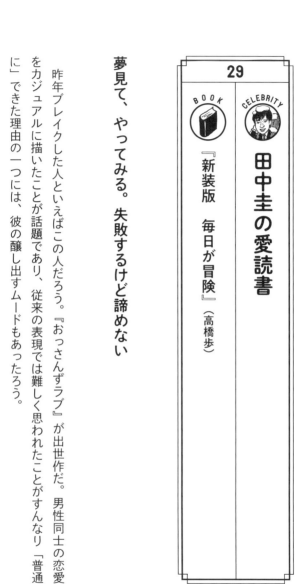

彼には「オフィスにいそう」な人という感じを抱く。「菅井きんが姑《しゅうとめ》っぽい」のに似た、**視聴者が勝手に抱く「オフィスの男」感**。決して「かっこ悪くない」んだが、男優らしい高スペックを発揮せず、リアルにデスクを隔てた向こうにいそうな気配といおうか。実際、会社員役を他にも軽妙にこなしている。

彼の愛読書はその本の版元の社長、高橋さん（が出版社を作るまで）の自伝だ。学生時代にテレビのマルボロのCMをみてカウボーイに憧れ、渡米してカウボーイになりに行っちゃう即断即決の男の人生が描かれている。夢見て、やってみる。失敗するけど諦めず、すると最後には感動的な体験をしたりする。

「ほんと、バカやった」というような軽い語り方で文は紡がれる。雪山登山やバンジージャンプなど、参加者が死んでいたかもしれないような危ういことも、あくまでも「ノリでバカやっちゃう俺ら」として楽しく語る。

最後のほう、本の取材先に行くときまで、録音するものがないので普通の（大きな）CDラジカセを持って行って録音ボタンを押したりしているのには笑ってしまった。

成功者が語る「昔はバカやってた」はただの武勇伝で辟易《へきえき》するが（そしてこの著者は経済的

タ行

にも成功しているのだが）そのように思えないほど無防備だ。田中圭も、夢を追いかけて動くエネルギーの凄《すご》さが「あまりにも普通に書いてあって」と、本書の「普通さ」に感じ入っている（『ダ・ヴィンチ』15年11月号インタビューより）。

でも普通さに僕もただ感動するかというと、危ういものも感じる。バカでもなんでも、やらないよりやるという人生哲学は、そう書くと魅力的だけども、それこそ事故で人が死ぬような現実の苦悩に対応できない気もするのだ（そこは巧妙に隠蔽《いんぺい》した本かもしれない）。

ともあれ、文体の軽さや、強調したいとき文字を大きくするという、つまりとても漫画的な本書の主人公をも、田中圭は「普通に」軽妙に演じてくれそうではある。

サンクチュアリ出版
（19／2／19号）

すいません
ちょっと渡米して
雪山登山してたら
遅れちゃいました
それでも
やっぱり
普通♡

30

田中みな実の愛読書

『落下する夕方』（江國香織）

暗さを読み取ってなお「なってみたい」なら、田中さんが不穏だ

「好きの反対は嫌いではなく無関心」というが、たしかに嫌いと好きは反対語ではなく、むしろ似ている。

田中みな実は、女子アナ時代は女性に嫌われていて、フリーになってからは写真集が女性に熱

く支持されている。つまり、常に好悪の感情を強く抱かれている、正しく「有名人」らしい人だ。愛読書『落下する夕方』については「華奢《きゃしゃ》で透明感のあるつかみどころのない主人公の女の子のようになってみたいと思ったり」(『MAQUIA』19年6月号より)と明るく語っている。でも読むと、全体に陰鬱だ。八年間同棲《どうせい》し続けた恋人にフラれた女の家に、その恋人が好きになった女が訪ねてきて、住まわせてくれという。

当然戸惑いながらも、倫理とか常識を超えた女のムードに呑《の》まれ、いつしか奇妙な二人暮らしが始まる。

メンヘラ。ヤンデレ。ネット時代の今ならそう呼ばれるであろう女の幼児的なふるまいが、ここでは不思議で純粋で超俗的な感じにみえ、主人公だけでない、作中の男たちも皆、ボーッと入れあげてふり回されてしまっている。大変、不健康な状態だ。

しかし江國さんの文章がいい。必要最小限かつ詩的な把握で季節の空気や、人の表情が活写される。友人の婚約パーティに参加した主人公が「テレビで宇宙ロケットの打ち上げをみるように(中略)すわった二人をみていた」と世俗的な冠婚葬祭とは縁遠い、俯瞰的な自分の視点を的確な比喩《ひゆ》で言い表してみせる。

タ行

しかし、テレビの宇宙ロケットの打ち上げを喜んでみているだろう側の、つまり「俗」な人間である僕は、どこまでもこの関係性に馴染《なじ》めない。田中さんの感想も、ここで描かれる人たちの哀切で不穏な暗さを無視している。暗さを読み取ってなお「なってみたい」なら、今度は田中さんが不穏だ。

もう一つ彼女が好きだという短編「おそ夏のゆうぐれ」でも好きな人の肉体を食べたいというフェティッシュな場面への憧れを語り「それくらい情熱的な恋愛に憧れるロマンチストさんです（笑）」（同前）と結ぶが、ロマンチストさん（笑）なんて**ぶりっ子で語るムードの話か！**

なにかに（好きの反対の）無関心。江國文学とはまるで別種の不穏さとカッコよさで、俗人はどちらにも畏敬の念を抱くばかりだ。

角川文庫
（20／3／10号）

畏敬の念を抱きつつ
写真集を抱く…
ぎゅっ

31

土屋太鳳の愛読書

『自分の中に毒を持て』（岡本太郎）

成功を追うのではなく、一瞬一瞬を生き続けろという檄

加齢で認識力が弱まったか、有名人の顔と名前が一致しない。どんな美男美女もすぐに言い当てることができない。土屋太鳳を除いて。

彼女だけ、すぐ分かる。しっかりした顔つきだ。動きも機敏。いつかテレビの特番で、お笑い

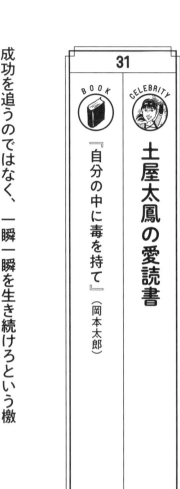

芸人たちに混じって彼女がマラソンするのをみていた。普通、旬の美人女優は引き受けない企画だが彼女は全力で走り、好成績でゴール。マイクを向けられた彼女は即座に、自分の出演する新番組の宣伝を始めた。ぜぇぜぇとあがった息で。ただ真面目な人というのを超えて、深い印象を与えた。体育会系のストイックなノリを思わせるがそれだけでもない不思議な、彼女の中にだけある規範のようなものを感じたのだ。

そんな彼女は愛読書も、きっぱりハッキリしていた。

自己啓発的な本という意味ではメーガン・マークルの愛読書『四つの約束』（194ページ参照）に近いが「芸術は爆発だ」で有名な岡本太郎の著作だけあって、言葉が激しい。

内容はたとえばこうだ。右に倣えで生き、経済的成功だけ追い求めても、本当に生きたことにならない。失敗を恐れず「出る釘は打たれる」つもりでいけ、俺はずっとそうしてきた。そんな言葉が力強く響く。だが、似た主張が頻繁に繰り返されることにだんだん飽きてくる。こういう説教オヤジいるよなぁ、と食傷してしまった。とにかく、自己啓発書ってどれも「繰り返し」がすごく大事なんだろう。

とはいえ食傷したばかりでもない。調子良く説教だけしているようでいて、太郎には言葉というものに厳密な一面がある。「好奇心」「幸福」「親子の愛」「手づくり」といった「いっけん耳ざわりのよさそうな言葉」をわざわざ否定して、それとは（自分の希求するのは）違うんだと区別して語ってみせる。話者として誠実だ。

利己的な、現世的な成功を追うのではなく、一瞬一瞬を生き続けろという太郎の檄文《げきぶん》を、土屋太鳳はきちんと咀嚼《そしゃく》しているどころか、**その言葉を燃料にして活動している**とさえ思う（だから、プリマのウィンナーや秩父の観光案内などのゆるいテレビCMで、ただ笑顔をふりまくだけの彼女の姿をみていると、似合わないことをさせるな、という気持ちになるばかりか、なんだかハラハラする。秩父やウィンナーが負けそうなのだ）。

愛読書としてこれを挙げること自体、嘘のないまっすぐな行いで、応援したくなるし、怯《ひる》みもする。

青春文庫
（18／9／25号）

【補遺】彼女がまだ駆け出しのころに出演した映画『人狼ゲーム　ビーストサイド』を観ると、岡本太郎的な激しさを垣間《かいま》見ることができる（エンディングのスタッフロールの細かな記載までみてください）。

一瞬一瞬を生き続けて
一瞬一瞬を生き続けるのよ
繰り返しがすごい・・・
ゼェハァ
ゼェハァ

32

CELEBRITY

出川哲朗の愛読書

BOOK

『矢沢永吉激論集　成りあがり　How to be BIG』（矢沢永吉）

期待通りのあの感じで、夢を、挫折を、成功を、存分に語ってくれる

出川哲朗の愛読書ということだが、彼だけじゃない、この本をひそかに愛読書とする有名人は他にもいるんじゃないか。なにしろ、スターになるということが書かれた本だし、題名にも端的に現れている。だが、有名人でこれを愛読書に挙げるのって、ものすごく衒《てら》いがないことでもあ

る。

ロックスター、矢沢永吉の回想録だ。78年刊行のベストセラーで、聞き手だった糸井重里も、この本で名をあげたと聞く。このとき矢沢は二十八歳！

僕が高校生のときに友人が読んでいた。矢沢は一晩に七回セックスをし、その朝は「太陽が黄色かった」という箇所だけ教わったものだ。

めくれば、読む前から予感した通りの面白さ。自分を「矢沢」と呼ぶ彼の口調を、我々は先にテレビなどで見知っている。期待通りのあの感じで、夢を、挫折を、成功を、存分に語ってくれる。

言ってる内容と別の、独特のリズムの語りの良さを活《い》かし、リライトせず口述のまま刊行した、その（糸井氏の）判断が既に手柄だろう。

……それにしても、だ。この口調というか彼の喋り方が、これが、なんつうか、出川自身の口調に、とてもよく似ている。驚いた。

たとえば歯医者で親知らずを抜く場面。「一回で一万円とか取られたよね。もう、アウトよ」。母が死んで友人が香典をくれたときは「ワーッ。泣いて……」だ。普通なら「ワーッと泣いて」

と言う（書く）だろう。

音楽の先輩と六本木のカフェで出会い気圧《けお》される場面はこうだ。「カフェテラスで、ちょっと飲む。すっごい落差があるわけ。オレたちと。オレたちは『カツ丼がよォ』って感じ。下町で。川崎で」。この言葉の切り方や「○○したわけ」などの語尾。**一青窈の音楽の回転数を落とすと平井堅になるトリビアが流行ったが、矢沢の言葉もなにかいじれば出川になる。**とにかく本当に、何度も愛読したんだろう。イメージの大きく異なる二者だが、本書に影響を受けていることは生き方だけでない、言葉遣いで強く伝わってくる。

本書刊行後の矢沢永吉の人生は、ここで語られるより長いし、さらに面白い。出川もだ。長くサバイブしつづけ、気付けばただの小物タレントではないブランドを得た。彼も今自伝を出すなら、書くのではなく語った方がいい。聞き手にぜひ立候補したい。

角川文庫

（18／1／30号）

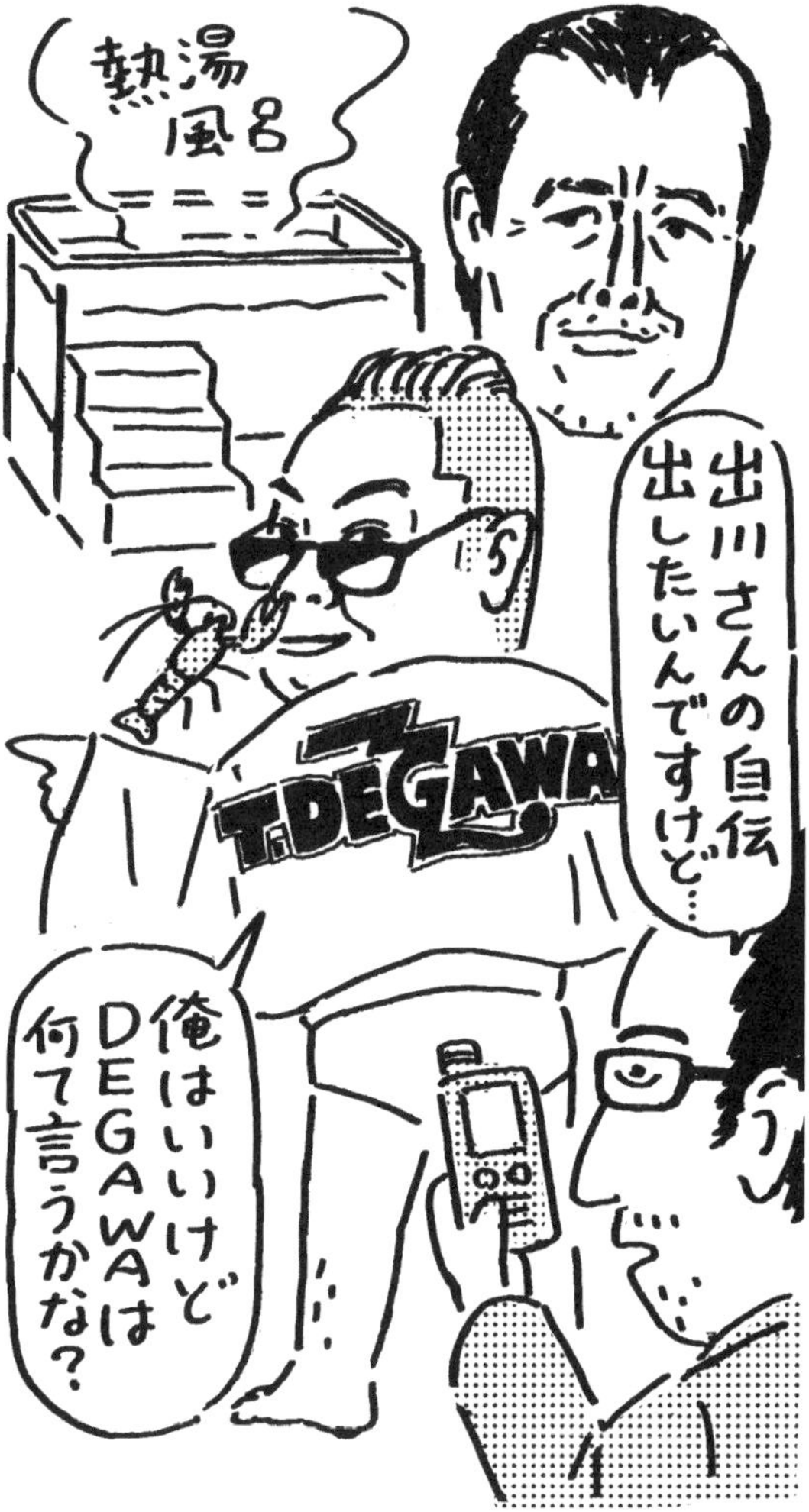
熱湯風呂
出川さんの自伝出したいんですけど…
T.DEGAWA
俺はいいけどDEGAWAは何て言うかな?

33

ドナルド・トランプの愛読書

『西部戦線異状なし』（レマルク／秦豊吉訳）

凄絶な死の描写も、からっとした明るさが全編に満ちる

愛読書を尋ねるというのは、読書傾向を探るための行為だが、もしその人が「一冊しか本を読んだことない」なら、傾向は分からない。分かるのはその人が「(ほぼ)本を読まない」ということだけだ。

で、トランプ氏の愛読書はこれ一冊だそう。潔いともいえる。大統領選なんてものにうって出ておいて、学のあるとこみせよう、などという見栄はまるでなかった。

そのたった一冊の本書は読みやすく、「中身あるっぽさ」も兼ね備えていた。

第一次世界大戦におけるドイツ軍とフランス軍の過酷な戦争を、若いドイツ兵の視点で、実に直截《ちょくせつ》に、執拗《しつよう》に描いている。

戦争物だが、戦況は全然分からない。主人公が一兵卒だから把握できておらず、そのおかげで読者は複雑な駆け引きや作戦を頭に入れなくていい。なんていうか、**臨場感のある「一兵卒ブログ」を読んでいる感覚**である。

描かれるのは、戦地の砲撃で負傷した仲間を抱えて歩き、塹壕《ざんごう》で砲撃に脅《おび》え続ける姿。それから飢えてひもじい思いをする場面と、食事にありついてもりもり食う場面が交互に描かれる。上官のいじめとそれへの仕返し、病院で受ける看病や看取《みと》る死者、女を買うための仲間との脱走、故郷への一時帰宅など、飽きさせない出来事も挟みつつ、仲間や敵の死を無数に見送りながらも、徐々に確実に戦争に打ちのめされていく若者の心を活写してみせている。

反戦物だ。だが、凄絶《せいぜつ》な死の描写（樹上にあぐらをかいてる人がいると思ったら地雷で下半身

タ
行

が吹き飛んでた、みたいな）が連続する割に、からっとした明るさが全編に満ちてもいる。敵の銃弾が室内まで撃ち込まれてるのに（食べたいから）パンケーキを焼き続けた逸話などに、やはりブログ報告的な面白さ（と軽さ）が感じられる。残虐な描写も「凄い体験したっす」というノリで、いたってブログ的だ。「凄さ」がトランプ氏の琴線に触れたことは間違いない。宗教の存在（信仰ぶりや、あるいは懐疑、救済される心境など）がほぼ出てこないことも、描かれる女性像の単純さも、「教養めかした文学」にはない真理の描き方として、愛好しやすいものだ。

まあ、一冊読んだだけで彼の政治ぶりを即断できるわけはない。彼もまた文学や哲学を一冊だけで判断しないでほしいものだが。

新潮文庫

（17／1／17・24合併号）

【補遺】菅総理と異なり、その後愛読書が変わったという話は聞かない。

これ一冊でOK!!
ドカーン
ドカーン
いやいや
BLOG
更新中

34

中居正広の愛読書

『葉桜の季節に君を想うということ』（歌野晶午）

読んだら、本当に騙されました！

ＳＭＡＰの五人の名、プラス「愛読書」で検索する。すると「木村拓哉　愛読書」でも「香取慎吾　愛読書」でも、**すべてトップには中居正広の愛読書が出てくる。**「スマップ　愛読書」で検索してさえそうだ。中居君のだけが突出して話題になったのか。本の内容ではなく、愛読ぶり

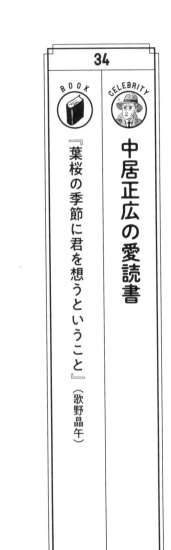

が。

もっとも『葉桜の季節に君を想《おも》うということ』はそれ自体話題の大ベストセラーだ。「あなたは騙《だま》される」的なコピーをみかけたが、読んだら、本当に騙されました（以下ややネタバレあり注意）！

ここまでの連載を経て思ったのだが、誰かが「愛読している」という事前情報は、その人のイメージを作品に投影しやすくなる。本作も前半、実に安直に、主人公と中居君のムードを重ねて読んでいた。主人公のハードボイルドな元探偵は、女に対して厳しい評を言うが、徹底して遠ざけるわけではない。優しいしジェントルでもある。恋人を作ることには用心深い。タクシーに乗せた女を送ろうと「家はどこなの？」と尋ね、「あたしの？」と驚かれると「ほかに誰がいる。運転手さんの家を訊いてもしょうがないだろう。ねえ」などとおどけた調子で語り、シリアスに徹することがない。実に中居君ぽいではないか。

これ、そんなに好きだったら中居君主演で映像化すりゃいいじゃん。そう思っていたが、最後のどんでん返しでそれは不可能と分かる。

中居君だけでない、誰にも無理だ。叙述トリックの仕掛けがあって、それは映像化不可能、小説でしかなしえないアイデアなのだ。

その仕掛けが、作中の事件とは無関係で、ただ読者を騙すためだけにあるということについては文句もいいたくなる。でも騙された時点で文句は負け惜しみに聞こえちゃう。中居君、そこも好きなんだろうな。

というのは、彼はそもそも小説ではなく、テレビが好きな人だ。14年の『笑っていいとも!』最終回では、テレビ作りそのものへの愛を衒いなく語っていた。特に、ドラマや映画と比べた際のバラエティ番組のはかない特性を語り、称《たた》えていたのが印象的だった。

だからだ。映像にできる文章なら、映像の方が上。文章にしかできない、つまり**特性を活かしていることに、彼は常人より感じ入ったのではないか**。文句を言いたくなる(奴《やつ》が必ずいる)こともまた、テレビというメディアに相似している。

だとしたら、彼には実験的な純文学(福永信の小説なんか)なども読んでみてほしいが、「娯楽性」も重視するだろうから、無理かなあ。

文春文庫
(16/10/25号)

葉桜の季節に
メンバーを
想うと
いうこと
ちょ
まてよ
俺は？

35

長澤まさみの愛読書

『わたしが・棄てた・女』（遠藤周作）

悲劇でも、本全体がメソメソしていない

長澤まさみは愛読書が多い。しかも、なんだろう、傾向がみえない。雑誌のインタビューや対談で彼女が挙げた作品をちょっと列挙してみる。

吉本ばなな『キッチン』、村上龍『限りなく透明に近いブルー』、本谷有希子『生きてるだけで、

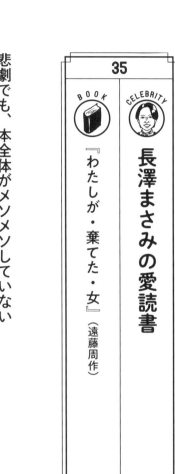

愛。』、北大路公子のエッセイ、水木しげる『劇画ヒットラー』、さらに『ドラえもん　ひみつ道具大事典』などなど……。

万人が手に取るベストセラーもあれば、漫画もある。しかし水木しげるでも『ゲゲゲの鬼太郎』ではない、渋好みの選択もみせる。

しかも、しっかりと読んでいる。たとえばドラえもんのひみつ道具の事典なんて、ただ挙げてたら、本をあまり読んでいないという証拠のような一冊だが、彼女の感想は「タケコプターに憧れました」とかではない。「夢にあふれた世界なのに道具の説明はすごく現実的」と、ちゃんと「評」をしている（『ELLEジャポン』17年2月号より）。本谷有希子の小説は、彼女が演出する舞台に出る際に「全部」読んだという（「ブック・アサヒ・コム」11年8月掲載）。

読むことの負担が少ないのらしい。また「この本を好き」と言うとこう思われる、という自意識もない。そのこととの全体に強いエネルギーを感じ取る。

で、複数の媒体で愛読書に挙げるのが『わたしが・棄てた・女』。薄幸で無学な女ミツと身勝手な男吉岡、二人の若者の一瞬の交錯と、その後の長い心の葛藤と運命を描いた物語だ。

一夜だけで「ヤリ捨て」た男と、彼にずっと恋し続ける無垢《むく》で誰にも親切なミツ。社長の姪《めい》と親密になり、成功を摑みかけた吉岡が案外ずっと女の面影を引《ひ》き摺《ず》り、要所要所で必ず女と寝た道玄坂の宿を思い出すのが笑える。いちいち「回想モード」にスイッチが入るみたいなのだ。それで、なんだか深刻さが遠のく。姪にも脇役の男たちにも、**ヌケヌケとしたたくましさと存在感があって、明るい印象**を与えられる。

最後は悲劇にしてあるものの「生き方」の答えは女が先にみつけており、救いが感じられる。終戦後の東京や近郊の景色が丹念に記されているのも読んでいて楽しい。悲劇でも、本全体がメソメソしていないのだ。それは彼女がシリアスな悲劇（宇宙人に夫を奪われた主婦とか）を演じていても、どこかその人物に胆力を感じさせることと通じてもいる。

講談社文庫

（18／7／3号）

愛読書多し！
強いエネルギー!!
よかったら
私の本も
愛読書
に……
ブルボン著
わたしが・
棄てた・
女
キッチン
限りなく
透明に近いブルー
生きてるだけで、愛。
北大路公子エッセイ集
劇画ヒットラー
ドラえもん
ひみつ道具大事典

36

CELEBRITY

中谷美紀の愛読書

BOOK

『シッダールタ』（ヘルマン・ヘッセ／高橋健二訳）

修行や享楽に偏執的に邁進するシッダールタが中谷さんにダブる

今回は「好き」とか「オススメ」程度ではない、間違いなく「愛読」書と言える。なにしろ中谷さんご本人が「何度読み返したことだろう」と振り返る一冊だ。

中谷さんのエッセイ集『インド旅行記〈1〉北インド編』で、彼女はインド旅行にも本書『シッダールタ』を携行し、十時間の長距離列車の中で読み返している。

仏陀《ブッダ》の伝記というより、その名「シッダールタ」を借りての、ヘッセ流の仏陀解釈とでもいおうか。

「わざとらしいほどの過酷な修行で悟りを得ようとする時代」から一転、「俗世の金と女にまみれながら知見を得つつも頽廃する時代」。「富を捨て、達観しながらも息子に反抗されて悩む時代」を経て、最後には愛を悟る。僕が要約するとすごーく浅い話のようだが、実際の文章は詩人でもあるヘッセの、流麗で喚起力の強い文章で見事に書かれてます。

シッダールタの生き方は段階ごとに大胆に変化するのだが、中谷さんはエッセイの中で「読む度に自分の成長度合いに照らし合わせて響き方が変わっていく」と語る。

若いころは世俗にまみれた姿に共感したが、そんな自分も含めた低俗な営みを軽蔑してしまう部分にも共感するようになり、ついに車中では終盤の「人は目標を抱きすぎる」の箴言《しんげん》に心うたれる。

「正誤にとらわれず、善も悪も共に含むこの世のすべてを是認し、愛する」姿勢に「人目をはばからずに号泣」する。

ナ行

……愛読書もだが、彼女のこの旅行記が面白い（文章もいい！）。「人目をはばからず」涙する、その前段に「旅先でやたら話しかけてくるタイプのおじさん」が登場するのだが、その男に対し、彼女は英語が分からないふりをしてやり過ごしているのである。このおじさんはまるでめげず、その後も降車駅までずっとしつこくつきまとう（それもしつこく書く）から、泣いてるときもおじさんすごく、かまってきただろう。**作中の愛に感動しつつ、目前のおじさんはあしらう。**いいな。すごく好きだ、そういう姿勢。本書の「教え」と矛盾してそうで、していない。

そもそも『インド旅行記』の副題「〈1〉北インド編」というのが異様だ。分冊にするほど旅したのか！　修行や享楽に偏執的に邁進《まいしん》するシッダールタが中谷さんにダブってみえ、なんだか手をあわせたくなってきた。

新潮文庫

（19／12／24号）

なんで泣いてるの？おじさんに話してごらん
すべてを是認し愛す。そしてこのおじさんは無視する…
じ～ん
シッダールタ
ヘッセ
ガタンゴトン

ナ行

37

中村勘九郎の愛読書

BOOK

『私の消滅』（中村文則）

最後に待ち受ける「ぶっとんだ」驚きの真相

歌舞伎役者は皆、華があって、顔も（比較的には）覚えやすい。どちらさんでしたっけというような、印象希薄な人はいない。

でも中村勘九郎は大河ドラマ『いだてん』では華のない、田舎の純朴な男を自然に演じていて、

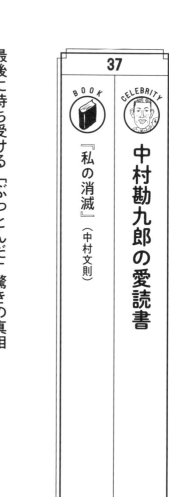

感心してしまう。

『私の消滅』は、かねて愛読しているというより、インタビュー（Webダ・ヴィンチ、16年9月掲載）された時点でのオススメという感じ。

「尊敬する作家は平山夢明さん。角川ホラー文庫の大石圭さんの作品も」よく読んでいるそうだが、純文学の『私の〜』も読んでみると、ホラーっぽい不穏さと謎に満ちていた。

コテージの一室から始まるのだが、その部屋の他、よその世界なんてものはなにもないかのように描かれる。無国籍、無情緒な気配の中、主人公はただ不気味な手記を読んでいる。立っているか座っているかさえ省かれていて、短い枚数で描くべきことだけを最短距離で書いてある。

「ホラーではないけど、ストーリーや構成がぶっとんでいる」と勘九郎の言う通り、主人公が手記を読み終えてからの展開は大きく動く。「驚きの」真相があるのだが、ただ「驚く」のではなく「構成がぶっと」ぶという言い方は、演じ手として筋全体を冷静にみていることが分かる。

（以下ネタバレだが）主人公は、手記の書き手の記憶を無理やり植え付けられている。実際には主人公の恋人を自殺に追いやった悪役で、読み進めるごとに読者は「私」を再定義させられる、その混乱が醍醐味なわけだが、役者はそれを演ずることを考えるから、さらに面白く読んだだろ

ナ
行

う。

　悪役を拉致して記憶を植え付ける施術場面は、凄惨にネチネチやった方が盛り上がりそうなところ、他と同様の筆致で、最低限の描写ですっすと進めるのが、リアルな恐ろしさに貢献している。

　そういう酷薄な役柄も彼はいきいきとこなすだろうし、田舎の純朴なランナーを通り越した、**自我がなくなってヨダレを垂らしてるような人さえ上手に**できそう。

　そもそもホラー好きのきっかけが江戸川乱歩で「脳内がどうかなっているような、あの感じに」ハマったと語っている。本作は具体的に「脳内がどうか」なるものだ。本作の中のすべての「私」を彼が演ずるのをみてみたい。

文春文庫
（19／5／28号）

中村屋？
私の消滅
ワタシ…
私！
中村屋！
私！

38

CELEBRITY

のん（旧・能年玲奈）の愛読書

BOOK

『氷の海のガレオン』（木地雅映子）

小学生の杉子が「普通」の世界の同調圧力と対峙する

ミュージシャンのプリンスがひところ、プリンスと名乗らなくなった。どうしてそうなるんだか、外野からはよく分からなかったが、遠い外国の世界的スターにだけ起こることと思っていた。

それがまさか「能年玲奈」↓「のん」とは。

困惑顔の『あまちゃん』からのファン」が周囲に多数発生している。改名が余儀なくされてしまうとして、そのことには同情するが、ナンカコー、他の普通の響きの別名ではダメだったのか。

そのうち聞き慣れる気もするが、その命名には彼女の自意識も感じる。早速、愛読書を取り寄せてみた。

彼女の09年のブログで挙げられた『氷の海のガレオン』で、その後も雑誌のインタビュー(『ダ・ヴィンチ』13年8月号)では、著者の他の作品も薦めている。

当時のブログによれば漫画以外で「初めて」「買った」小説らしい。**「縦書きの小説は難しそうというイメージ」という記載に驚く。**「れなみたいなのが、こんなに分厚い本を読むとはって、いやいや薄い方ですよ! と取り乱してしまったが、それが93年生まれの(当時)十代女子の普通の感覚なのだろう。

ちょっと変わった父母を持つ小学生、杉子とその兄弟が学校という「普通」の世界の同調圧力やいじめと対峙《たいじ》していく話だ。

変わった親(突然子を置いて長期旅行に出るあたり、まだバブルの余波もある)を「やれやれ」と半ば対等にみつめる子供が、現実との軋轢《あつれき》を乗り越えたりやり過ごしたりするのは、相米慎二の映画『お引越し』や大島弓子の漫画の世界に似ている。これもその少し後の作。家父長的な「典型」の親の像を崩さなければいけなかった時代だったとみえる。

相米監督作や大島作品と比べた際、本作では母親がなにやら屈託に包まれており、それがボヤーとしてよくみえない。意図して説明が省かれている。思わせぶりで、普通に考えたら欠点だが、そこがのんにはよかったのかも。今、彼女を取り巻く状況もよくみえないし、多くを語れないだろうことを思えば、暗示的にさえ思える小説だ。

三兄妹の連帯ぶりや、細部のユーモアなど作中にはみどころも多く、偉そうな言い方だが見直してしまった、のんを。いや、のんさんを。

講談社・品切れ

（16／9／27号）

【補遺】21年現在もまだ「のん」のままだが、さすがに慣れました。映画を中心に、このころ以上に大活躍している。

ボヤーとして
よくみえないけど
見直しましたっ
こんな分厚い
のん
本を読むとは

39

CELEBRITY

長谷川博己の愛読書

BOOK

『道草』（夏目漱石）

こんな退屈な素材を、なんだかんだで読ませる漱石はすごい

地味だ。

夏目漱石で漢字二字の小説といったら皆が『草枕』を挙げるだろう。文豪の作に失礼だが、「間違えて買っちゃった方」みたいだ。

図々しい借金をしにきた昔の育ての親についての、夫婦の言い合い（と言い合わなさ）がこんこんと描かれる。夫婦は互いに無理解だし、思いやりも発揮できない。さりとて決定的なトドメも刺さないから、終わりにもならず、どちらも常に苛々《いらいら》しながら暮らしている。

他に劇的なことはない。こんな退屈な素材を、なんだかんだで読ませるんだから、やはり漱石すごいんだな、むしろ感服してしまった。

長谷川博己は決して地味な役者ではない。今度の大河『麒麟がくる』もだし、僕がみた限りでも『シン・ゴジラ』『鈴木先生』『まんぷく』などの大作、人気作で存在感を発揮している。

本書も漱石のドラマに漱石役で出演する際のインタビューで「好きな漱石作品」として挙げたものだ。漱石作品は小説家志望者がまず読むべきとした上で「基礎から積みあげてきて、正統だけど、ちゃんとアナーキーなこともする、ロック精神もある」と続ける（『朝日新聞』17年3月31日付より）。

なにも起こらない筋で不機嫌さだけ描き続けるのを「退屈」ではなく、そこに技量と「ロック」をみてとったとしたら、かなりの読み手だ。

夫婦それぞれの言い分の違いをただ書いたら、それは愚痴の吐露にしかならない。漱石自身が

ハ行

モデルと思われる主人公は妻に対してずいぶん遠慮のない（今日では差別的なことも含む）見解を述べるが、たとえば妊娠中の妻の視点で「重そうな腹を眼の前に見ながら、それほど心配もしてくれない男の気分が、情なくもありまた羨ましくもあった。夫はまるで気が付かなかった」など、夫側に対する描写も冷徹で、つまりとても分析的だ。

妻とのやり取りだけでない、主人公は借金を断るとか赤ん坊を抱きあげるといった「世事」のすべてが得手ではない。**いわゆる「学者肌」**である。

漱石自身の（昔の千円札的な立派な）イメージは長谷川さんのスマートなイメージに重ならないと思っていたが、先の出演作のすべて、先生だったり発明家だったりと「分析的」な一面を持った役を彼は演じていたんだった。

不愉快な借金の依頼を、学者肌なりのやり方で解決して叫ぶラストシーンにはエンタメ的な快感もあり、長谷川さんが爽やかに演じる姿も自然に浮かんできた。

新潮文庫
（20／2／11号）

ハ行

40

CELEBRITY

BTS・RMの愛読書

BOOK

『死にたいけどトッポッキは食べたい』（ペク・セヒ／山口ミル訳）

ナムさんは悩める女性なのか、頼れる医者なのか？

ＢＴＳの愛読書をネットでちょっと（「ＢＴＳ　愛読書」と安直に）検索したら、どんどん出てくる。多い！

また、出てくる情報が、公式のサイトやウィキペディアやインタビューではないのも面白い。

出てくるすべて、BTSファンのまとめサイトだ。ファンが、ファン予備軍に「推し」を啓蒙しているのだ。

特に愛読書の多いのがリーダーのRMという人。村上春樹や吉本ばななど日本の作家も挙がっているが、せっかく韓国の人なのだから、今回は韓国の本を選んでみた。

ただ、本書についてRM自身による具体的な推薦の言葉はみつけられなかった。「動画の中で、ナムさん（RMの愛称）の枕元に置かれていた」のだ。置いてあるのを見逃さず、話題にする、さすがは「ファン」だ。

BTSはファン向けの動画配信を旺盛にしているらしい。それで今度は「RM 枕元」とか「ナムさん ベッド脇」などという検索ワードを入力して探したがついに枕頭《ちんとう》の書はみつけられず。その代わりに、包丁の使い方が下手なナムさん、クイズに素早く正解して得意げなナムさん、流し目をくれるナムさんなどなど、かわいい彼の姿だけを日本のファンが上手に編集し字幕を付けた動画の洪水を浴び続け、気付けば**「か、かわいいナムさん！」「語彙力、語彙力！」**と、字幕の通りのうわごとが僕の口をついて出るように。

そんなわけで今回は、愛読書であることの確実なウラは取れてはいないのだが、ほぼほぼそうであると仮定して読み進めた。動画ではひたすらかわいいナムさんだが、内心は悩んでいるのだろうか。本書『死にたいけどトッポッキは食べたい』は気分変調性障害で悩む女性が医者と交わしたカウンセリングの質疑応答を活字にしたものだ。自己評価が極端に低いせいで、他人のことも厳しく評価してしまったり、友達にどうみられているかを気にしすぎてしまう。重度の鬱ではないので人にも心配されないが、週に三度は泣いている。

医者は辛抱強く、女性を肯定し続け、極端に走りがちな考えを指摘し、俯瞰させる。女性は「目から鱗」と感動もするが、ときには医者に食ってかかる元気もある。それさえも医者は優しく受け止めてくれる。

あとがきにこの医者の言葉はあるが、記名がないのが不思議だ。無記名ゆえ多くの読者が、理想の医者の姿を当てはめて読める。そしてこれを枕元に置く行為は、**ナムさんが悩める女性のようにも、頼れる医者であるとも受け取れる。**解釈をファンに委ねた？　だとしたら素晴らしい確信犯だ。

光文社

（20／10／27号）

アナタがこの本の医者なんですか⁉
ん〜まあ そうですね〜
なんかちょっとイメージと違うけど感激っ‼
ゴホンゴホン
死にたいけどトッポキは食べたい

41

CELEBRITY

ビートたけしの愛読書

BOOK

『次郎物語』（下村湖人）

自らの血肉として吸収した、真の「愛読書」

ビートたけしの愛読書は昔から気になっていた。

「学生時代、哲学が流行ってまわりは小難しい顔でサルトルなんか読んでる中、自分は（児童文学の）『次郎物語』なんか読んで感動してて、仲間に言ったら笑われて」。昔からさまざまなインタビューでそのように言っていた。それは、自分は決してインテリではなかったと謙遜する言葉だし、または、かっこつけて実存主義とかふりかざしてジャズ喫茶で女にモテようとしていた同世代への皮肉として言う「例」でもあった。

……そう思っていたのだが、いざ読んでみると、そこにはもう少しニュアンスがあった。

というのも『次郎物語』は人間の実存、というか、哲学をむき出しで語った作品でもあったのだ。

幼いころ乳母の家で育てられたのに、急に母親の家で暮らすことになった少年次郎の屈折ぶりを描く。

児童向けだから、とても読みやすい。読みやすいが、長い。すごくゆっくりと丹念だ。

実の母一家に馴染《なじ》めずに反抗しつつ、己の居場所を探し続ける。他の児童文学のようなただのかわいそうな話ではない。説教する大人たちの見栄や体裁を見抜き、決してなつかない次郎の頑なさと、一方で誰のことも観察して損得を瞬時に判断しようとする抜け目なさに、たけし自身の反骨精神と頭のよさとがダブってみえてくる。

サルトルの唱えた「実存主義」という言葉を僕は正しく把握しきっていないが、次郎の卑近な葛藤や悩み、そして奮闘は実はとても思想的なものでもあり、冷たい実の母と優しいが無学の乳母は、アンビバレントな現実の象徴でもある。若かりしころのたけしがサルトルにかぶれた仲間たちに本書を挙げ（てバカにされ）たのは、サルトルとこれと同じテーマだ、と素直に思ったからでもあるんじゃないか。そして、はなはだメロドラマ的でありながら、**真に現場的な指針はこっちにこそ書かれている**、という確信もあったろう。

病に倒れた母に対しての次郎の気持ちが変化し、乳母も含めて二重に聖性を感じていくのも、たけし本人がマザコンと公言していることと響きあう。読書をただのファッションでなく、自らの血肉として吸収した、真に「愛読書」と呼べる一作だ。

新潮文庫・全三巻
（18／6／5号）

実存主義くらい分かるよバカヤロウ
存じあげております…!
次郎物語
サルトル

42

藤井聡太の愛読書

BOOK

『深夜特急』（沢木耕太郎）

自分探しや奥深い思索を遠ざけた、それゆえ清涼な旅行記

将棋の藤井四段が話題になったので愛読書を調べて読んでいたが、読んでいるうちに（四段に負けてほどなく引退した）加藤一二三氏の方が人気者になってた。そっちを読むんだったか！と慌てるほどに（ちなみに、ひふみんの愛読書は福沢諭吉『福翁自伝』だそうである）。

無邪気な言動でバラエティ番組にひっぱりだこ。藤井氏とどっちが年上か分からない。藤井君も藤井君だよ（怒られる筋合いはなかろうが）。落ち着いた言動で大人びている、とかいう次元じゃない老成ぶり。なんだか、平成の十代じゃないみたいだ。大体、愛読書が『竜馬がゆく』に『深夜特急』に椎名誠『アド・バード』って、昭和か！　おそらく、父親か伯父さんの影響なのだろう。いずれも分厚い、読みでのある作品群だ。

恐る恐る『竜馬がゆく』と『深夜特急』に手を伸ばしたら、どちらもリーダブル。ライトノベルとまではいわないが、ひっかかりの少ない明朗な文章だ。だから二作ともベストセラーなのだな、といきなり納得させられた。

八、九〇年代『深夜特急』にかぶれてバックパッカーになった人は多い。僕の友人にもいる。バブル後期の日本の狂騒に馴染まない若者にとってのバイブルだった。さすがに今読むと古臭いのでは、と思ったが、そんなことはなかった。ニューデリーからロンドンまで、バスだけで移動してみようと思い立った作者の旅行記だ。大変な旅程が想像されるが、作者は大げさな悲壮感を漂わせない。いたって呑気《のんき》だ。

旅行というのは、移動と宿泊と食事と、あとは観察しかない。つまり端的に「労働」がなくなる。「いいなあ一人旅」と我々が思うとき、描かれていることのせいで「よい」と思うが、それだけではなく、実は労働が「ない」ことが心地よいのだ。

当然、減っていく旅費や宿泊先についての現実的な不安が生じるはずだが、不思議と平気そうだ。文章の軽みがそうさせている。第一巻の、マカオのカジノにずぶずぶハマっていく俗人性が素晴らしい。自分探しとか、奥深い思索を遠ざけた、それゆえ清涼な旅行記であり、よい読書だ。

なので、それに憧れて放浪した若者がバブル後の日本に帰国してどうなったかをリアルに描いた、角田光代の初期作品群を藤井四段にはぜひ推薦したい。**読書にも読み筋があるんだよ**、と(偉そうに)。

新潮文庫・全六巻
(17/11/14号)

先手―藤井四段〝深夜特急〟
昭和か！
ピシャ
深夜特急

43

CELEBRITY

ディーン・フジオカの愛読書

BOOK

『世界の終りとハードボイルド・ワンダーランド』（村上春樹）

四十四歳にして春樹長編初挑戦、面白かったよ

「様」づけになるタレントっている。レオ様、ヨン様、女性ならエリカ様。「様」には、庶民的ではない、強気さとか浮世離れの印象がある。一段下がったところから親しまれ、そういう人たちは飽きられにくい。

「様」に加えてさらに頭に「お」まで足されちゃった「おディーン様」は、そう呼ばれた時点で勝ったというか、一生盤石なんじゃないか。

その王子っぽさを、愛読書も裏切らない。十八歳の時にシアトルに留学（その後、海外で活躍）しているが、その選択の「背中を押してもらった」うちの一冊として本作を挙げている（『ダ・ヴィンチ』17年7月号インタビューより）。

おディーン様がこれを読んだ年齢のとき、僕は読みそびれた。既に本書はベストセラーだったが、高校時代に『ノルウェイの森』のエッチな場面だけ拾い読みして、あと短編を少し読んだだけで、村上春樹をまるで読んでこなかったら、留学も決意せず、「お」も「様」も付かない（ブル）ボーン・コバヤシになってた。今回は四十四歳にして春樹長編初挑戦だったが、初めて完読できた。面白かったよ。

不思議な壁に取り囲まれた静かな世界で、自分の影と引き離され記憶を失ってしまった「僕」と、東京で謎の組織から狙われるプログラマー（？）の「私」、二つの物語が交互に進行する。「僕」は、争いや葛藤のないすべてに自足できるファンタジー的な世界で「夢読み」といういかにも繊細そうな仕事をしながら、しかし悩み、覇気なく暮らしている。

ハ行

もう一人の主人公、バツイチの「私」は独身貴族で悠々自適だったはずが、謎の老人に動物の骨を託されたことから、不可思議な逃避行を余儀なくされる。

二つの世界は「図書館」「一角獣」といった共通のキーワードをみせながら異なる冒険小説として進みゆくが、だんだん**一人の人間の内面、心の在り様の話**だと分かってくる。これは心を探る物語だ。

先のインタビューでおディィーン様は本作を「文字だけで表現された世界に〝入っていく〟感覚と評する。彼は深くこの世界に入り込んだ。だから有名な「やれやれ」連発で「私」がみせる、厭世《えんせい》的なドライさ（と女性への気配り）が「様」に、「僕」のナイーブさが「お」に宿り、正しく「一人」になったのだ。

新潮文庫・上下巻
（17／9／5号）

やれやれ……
僕なんて……
お
様
ギャー
←ボーン・コバヤシ

44

フワちゃんの愛読書

『マリアビートル』（伊坂幸太郎）

テンポの良さだけでない「誠実さ」がある

フワちゃんを知ったのは最近だが、読書についてのインタビュー（Webダ・ヴィンチ、20年8月掲載）を少し読んだだけで、頭のいい人だとすぐに分かった。そこには真理が書いてあった。いきなり「あたし単純で最高なことに気づいたんだけど、『売れてる本』って超面白いよね」

である。気づいた内容もだがそれが「単純」で「最高」な気づきだと前置きしてみせることで、内容以上に言葉が強さを得る（いわば「パンチライン」になっている）。

彼女の言葉はこの連載を経て、薄々気づいていたことでもある。**有名人すなわち「売れてる人」が好きな本は、売れてる本だ。**たまたま好きなのでなく、売れていることの「売れる性」を見抜き、評価している。

フワちゃんも好きな作家に伊坂幸太郎と湊かなえの売れっ子二人を挙げ、二人とも「読者のことをきちんと考えて書いてくれてる気がする。全然自分よがりじゃない。ちゃんと読者を『楽しませよう』っていう姿勢が伝わってくるっていうか。作家は自分よがりしてナンボなのに！ 超偉くない？ 大好き！」と（多分早口で）畳みかける（グサグサ！ どこぞの売れない純文学作家が嗚咽を漏らしそう）。

しかし「作家は自分よがりしてナンボ」と定義しているところを注意されたい。「自分よがりしちゃってるダメな人も多いのに」ではない、創作の「定義」が真逆にあるのが客観的で、すごい。

湊作品について、いくつか書名を挙げたあとで「待って！ 有名なやつ言いすぎた!! こうい

ハ行

うときって映像化されてないタイトル言った方がカッコいいのにぃ。／やっぱ変えて『豆の上で眠る』にしよかな。なんか読書家っぽくてカッコよくない??」と速射砲のように語るが、愛読書を語る行為の「見え方」を俯瞰して捉えているところ、今の若者っぽい用心深さと思う。

で、今回は伊坂作品イチオシ『マリアビートル』を読んでみた。「とにかくテンポが最強！本なのにページをめくるときに『ビューーン!!!!』って音がするくらい（中略）あたし息切れしちゃったんだから!!」とフワちゃんの仰る通り、テンポを生み出すための要素がてんこ盛り。同じ新幹線に乗り合わせた、殺し屋、運び屋、狂気の天才中学生ら、個性豊か（全員が長編の主役を張れる）で怪しい連中が入り乱れ、謎のトランクと死体を巡っての駆け引きを繰り広げ続ける。謎もアイデアも惜しげもなく投入して、読者を楽しませる意欲まんまんだ。

一方で作中人物たちは「なぜ人を殺してはいけないのか」という青臭い問いをしつこく繰り返し、（必ずしもテンポよくないのに）愚直に思弁を語ってみせる。つまりテンポの良さだけでない「誠実さ」があり、それはフワちゃんの語りにも実は感じることだ。

角川文庫
（20／9／22号）

売れてる本って超面白い!!
読者のことを考えてくれてる
グサ
真理!
自分よがりじゃない♪
売れない純文学作家をショック死させたのは…
君だね?
バレぴよ

ハ行

45

CELEBRITY

星野源の愛読書

BOOK

『小川未明童話集』（小川未明）

「ぶっきらぼう」な筋書きを詩的な言葉で綴る

星野源さんとは対談をしたことがあるが、すごくよい人だった。もっとも、有名人が普通に接してくれるとそれだけで「すごくよい人」と思ってしまうのだが、それは僕の中に「有名人＝一般人を警戒し距離を置きたがる、あるいは尊大な人」という安直なイメージがあるせいだろう。

だが、彼は気さくなだけでなく、僕の著作も読み込んでくれていてすっかり「いい気」にさせられてしまった。対談後に外まで見送ると彼は「また僕から連絡しますね」と言い、そのまま銀座の雑踏へと消えていった。

……それから数年がたったが連絡はない。

いや、それをして彼が「いい人ではない」などと言いたてたいのではない。彼が愛読する『小川未明童話集』を読んで、あの日のことも、まるで作中の逸話のようであるなぁと、銀座でのことを甘く思い出したのでした（作品の影響で、ですます調になるのでした）。

ただの愛読書ではない。「私が旅先で読む3冊」というテーマでの選書だ（『週刊文春エンタ！』16年12月刊インタビュー）。同じ「童話集」でもグリムやアンデルセンのそれよりも残酷、というより「ぶっきらぼう」な筋書きの、しかしロマンチックで詩的な言葉で綴《つづ》られた短編が並ぶ。

読むと、帰ってこない人（子供や弟）を待つ話が多い。会えない悲しみは作中で解消されないまま終わる。

しかし、そのように寂しいだけかというと、小さな蜂や鳥たちの話は、急に遠い異国や星にまで広がる。田舎のおじいさんの話題しか描いてなくても、でも**世界は地続きにどこまでもあると**

いう気配だけはどこを読んでも満ちている。だから悲しくても無常感は湧かない。会えなくなることはその人がいなかったことにならないという救いは担保されている。俺も別にもう会えなくていいか。年末の紅白で踊り、活躍する彼の姿をおじいさんはまぶしく眺めたことでした。
……話を童話集に戻すと、町暮らしに憧れる山鳩《やまばと》の話がすごい。最後の数行で教訓、警鐘といった童話の役割を超えた、作者の強い手つきをみた。ヒットドラマの印象もあり、優しげに思われる星野さんだが、彼の創作にもまた、同様の強さを感じる。体調不良の話題も多いが、そこだけは童話のはかなさを踏襲しないでほしい。お互い、長生きしようではないか。

新潮文庫
（17／2／21号）

また連絡しますねー
童話を超えてゆけー♪

46

メーガン・マークル（元・サセックス公爵夫人）の愛読書

『四つの約束』（ドン・ミゲル・ルイス／松永太郎訳）

どのページでもいいから彼女に膝枕で読み聞かせてもらいたい

有名人の愛読書は大抵、インタビューで知る。彼ら彼女らは「愛読書は?」と問われたから、受動的に答えるわけだ。

そこへいくと今回の公爵夫人の愛読書（のうちの一冊）『四つの約束』ほど、能動的にプッシュされた作品はない。16年の彼女のブログで「強い精神力を持ち、勇気があり、恐《おそ》れを知らず、自己認識しているけれど無私（無欲）で、常に最高の自分になるべく努力し続けている人」もしくはそうなりたい人はぜひ読んでみて、と挙げた何冊かのうちの一冊だ（……そんな人はもう何も読まなくていいじゃんと思うが）。つまり、誰からも聞かれてないのに自らぜひ！　とわざわざ推薦している。そんな親切な（そして自分に自信のある）有名人は連載史上でも初めてだ。

特に本書は「十三歳の時から」「時間を置いて定期的に」この著作に「戻る」とあり、かなりの「愛読」ぶりだ。

彼女の英国王室入りを世俗的な成功と捉えて、その秘密を探りたいなんていう下世話な（気軽な）気持ちで本書を読んでみると、彼女のブログでの押し出しの強さとまったく同じ言葉の圧がそこにはあって、怯《ひる》む。

序章の神話めいた壮大な（しかもよく分からない）語り（「存在するもの全ては、私たちが神と呼ぶ一つの生きた存在の顕現である。全ては神である」「本当の私たちは、純粋な愛であり、光なのだ」みたいな言葉が延々と続く）には面食らうが、本編はシンプル。人生を好転させる考え方の秘訣《ひけつ》を四つ語っている。箇条書きにしちゃえば四ページですむ教えを、くどい言い回しで何度も繰り返す。「意図をマスターするとは言い換えれば愛をマスターするということ」など愛とか意図という強い単語を何度も「言い換え」て反復する。もう、**意味じゃなくて、その反復が心地よい本なのだろう**し、この退屈な反復を何度も「戻って」読み返せるだけでも彼女はすごい。皮肉でなく、真に自己を啓発できる人だ。

ただ、本書では「自分」が大事とされ、世界が（あなたに）求める「物語」は否定されているが、本の外の現実世界ではダイアナ妃の死以後、悲劇からの回復という「物語」を彼女は否応《いやおう》なく全世界から望まれてしまっているように思われる。単に歴史ある王室に嫁いだという以上の「意味」の中で彼女が「約束」を守れるかは未知である。

そして、どのページでもいいから彼女に膝枕してもらって読み聞かせてもらえたらいいだろうなーとか思いながら本書を読了した自分は、ある意味もう人生勝っている。

コスモスライブラリー
（18／8／14号）

【補遺】結婚、出産後もちゃんと（という言い方は変だが）劇的にゴシップ誌を騒がせており、ダイアナ妃が抱かれたのと同質の期待に、ある意味彼女も応えているといえる。

マ
行

47

CELEBRITY

吉岡里帆の愛読書

BOOK

『戯曲　吸血姫』（唐十郎）

歌手の女、銭湯の女、看護婦……女（たち）のパワーが伝わって来る

ガールズバーでカウンター内の吉岡里帆にビールを差し出され「唐十郎の『吸血姫』が好きだ」と言われたら、どうする？　ためらうだろう。口説くか、撤退か。

年上の男にウケようとして持ち出してるにしては、ガチすぎる。そういうパスを出すにしても

「昔のファミコンとか好きなんですー」くらいのやさしい球にしてくれまいか。

いや、誰かにウケようとなんかしてないのだ（そもそも、どこのガールズバーにも吉岡里帆はいないのだが）。なにしろ「十八歳の時、初めて小劇場の舞台に立って、主人公を演じた」戯曲だ（『ダ・ヴィンチ』18年2月号インタビューより）。

僕はいわゆるアングラ演劇の文化を通ってきていない。今回は年少者に教えてもらう不思議な読書になった。

まあ、演劇自体はたまに観るので、台詞とト書きだけのやり取りでも、たとえば、ここで笑わせようとしてるな、とかは分かるし、公衆電話などのアイテムが物語を進める「装置」になっていることも伝わる。

しかし、難解だ。歌手の女、銭湯の女、看護婦とたくさん女が登場するが「同じ役者が演じる」という注意書きがないから、同一の人物だと最後まで思わなかった。彼女のインタビューで「（主人公は）人力車に乗って過去と現代をずうっと行き来している」と解説されて、そうだったんだーという頼りなさ。

「汽船はやはりお花だったのね」「でも、あたし、自分にはぐれてんのよ」など、台詞の多くは

ヤ行

詩的なイメージに満ちているし、病院の院長が床屋に修業に出るなど、人物の行動もコメディ的なのか寓意なのか、判然としない。でもケチをつけても仕方がない。戯曲をただ読む行為が演劇を味わうことにはならないわけで、**彼女の「愛読」も、役者にしか味わえない。**

ただ、伝わって来るのは女（たち）のパワーだ。歌手に憧れ、夫や子供を捨てても幸せを欲し、土地を巡りながら看護婦を続ける。それに対する周囲は皆、意地悪で、皮肉を言い、退歩的で、人の邪魔だてをする。周囲と女（たち）の対立がやんわりとだが一貫して描かれているのは分かる。

初演でこれを涙しながら演じたという彼女自身は、複数の女のみせる情熱やしたたかさを同時に保持していても不思議ではなく、今のブレイクも当然と思える。

再演をいつか観てみたい。もう読んだから、バーでも語れるな。

角川文庫・品切れ
（18／3／27号）

唐十郎の「吸血姫」が好きで……
…………。
GIRLS BA
紅テント
シュワシュワ

48

米倉涼子の愛読書

BOOK

『太陽の王ラムセス』（クリスチャン・ジャック／山田浩之訳）

悪役でもヒーローでも「旺盛さ」「強さ」が肝！

今回の愛読書情報はネットによる。ネットは虚偽が記されていることもあるから信用しきってはいかんぞと用心して読んだのだが……読めば読むほど、米倉さんこれ好きだろう、ていうか米倉さんっぽい！　と決めつけたい自分がぐんぐん育まれていった。

古代エジプト後期の王、ラムセス二世の伝記小説だ。第一巻では若いラムセスが、偉大な王である父からの試練を経て成長する姿が描かれる。

「私、失敗しないので」と不敵に呟《つぶや》くドラマの天才外科医役や、栄養剤のＣＭでの「できる」「みなぎる」ムードが、ラムセスにもある。

兵舎での訓練では誰もひけない大きな弓を引き絞り、行軍先では野生の象やライオンを手懐《てなず》ける。

王の息子だからって、贅沢《ぜいたく》暮らしには染まらない。漁師や石工たちに率先して交じり、労働の喜びに浸る。学問にも没頭し、友人には義理堅く、人々の尊敬をすぐに集める。さりとて完璧というわけでもなく、迷いや恐れを抱き、直情的な熱さも持つヒーローで、作中では常によどまずに動いている。

彼だけではない。王の後継者の座を脅かされ、卑劣な策を巡らせ続ける悪役の兄も、ラムセスと逢《あ》うたびに熱い愛撫《あいぶ》とともに夜の営みになだれこむ美しく勝気なヒロインも、そして超人的な奇跡を起こす力を要所で誇示しながら息子を見守る王も、**キューピーコーワを服用したくらいでは足りないほど**に精力的だ。

ヤ行

大長編だがスピーディな展開で飽きない。とても読みやすい娯楽作品である。

高貴な身だが贅沢に背を向け、ざっくばらんに市井の人々と交流する。そういうラムセスのような人物像を、たしかに我々は好む。米倉涼子にも（勝手なイメージだが）そんな「感じ」がある。でも、逆に策を弄《ろう》して卑劣に他者を蹴落とそうとする悪役の像だって抱くことができる。それは単に彼女が優れた役者だということだが、でも本作に出てくる、砂漠でずっと蛇のことばかり研究している蛇マニア、セタオーのような米倉涼子像はさすがに浮かばない。悪役でもヒーローでも「旺盛さ」「強さ」が彼女の肝だ。

……でも（余談だが）このセタオーがよくてなぁ。エジプトって蛇が大事だったらしく重要な局面で何度も出てくるんだが、常に蛇の話してんの。主人公がみかけるといつでもコブラを捕えようとしており、「ここの蛇は大きさも色も素晴らしい！　命を危険にさらすより、僕と一緒に砂漠にいようよ。蛇がいっぱい捕れるよ」などと、王になろうという若者を屈託なく誘う（蛇ライフに）。こういう妙な役も案外彼女、こなしちゃうかも。

角川文庫・全五巻・品切れ

（20／6／2号）

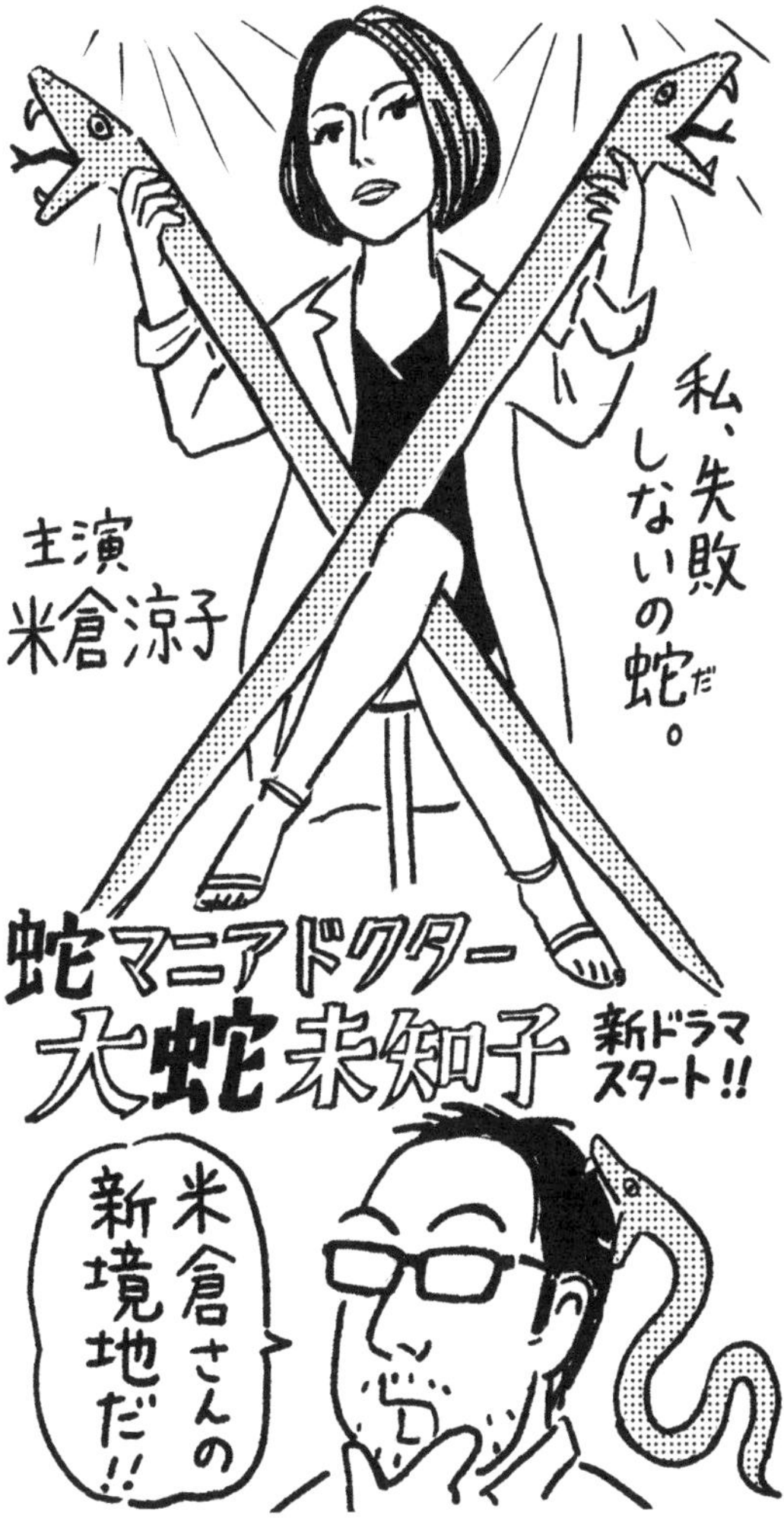
私、失敗しないの蛇《だ》。
主演
米倉涼子
蛇マニアドクター
大蛇未知子
新ドラマスタート!!
米倉さんの新境地だ!!

49

CELEBRITY

米津玄師の愛読書

BOOK

『スノードーム』（アレックス・シアラー／石田文子訳）

「ひねくれ」と「素直さ」がほどよくブレンドされた旋律

昔、演歌歌手は売れると必ず御殿を建てた。

CDがメガヒットした時代の、たとえば小室哲哉やASKAなどは今、売れたなりの代償をなんらかの形で支払わされているようにもみえる。

CD時代を経た今の時代の売れっ子ミュージシャンたちは、作る音楽性と別に「ふるまい」が前時代の人たちより聡明にみえる。

現代のヒットメーカー、米津玄師がどこに住んでいるか分からない。御殿を買ったとか、そういうゴシップさえ広まらない。

音楽についてだけは言葉がたくさんある。アルバムどころかシングル一曲ごとにWebに濃密なインタビューが載って、自作については饒舌《じょうぜつ》だが、人となりは少ししか分からない。でも、少しはちゃんと分かる。過剰に覆面作家ぶるのも前時代的な行為なのだろう。

本書『スノードーム』についても、彼自身がこれをどう好きなのかという具体的な言葉はない。ネットでファンにオススメを聞かれた際の答えに過ぎない。学生時代に結成していたバンド名が「Ernst Eckmann」という情報があるが、これは本書の主人公の名であり、本当なら思い入れはかなりのものだろう。

読むと、好きそうだと思う。『スノードーム』には「ひねくれ」と「素直さ」がほどよくブレンドされている（余談だが、上野樹里の愛読書『青空のむこう』と本作は同じ作者だ。たしかに似たムードだが、面白さはこちらが圧倒的に上）。

ヤ行

よく米粒に絵を描いたり彫刻したりする芸があるが、その天才が主人公（エックマン）。自らの作品を収蔵した美術館を経営する小男が大道芸人の踊り子に恋をする。見目醜悪なエックマンは、踊り子に親切にされこそすれ愛情を得ることはかなわない。

悲嘆のあまり発明した「なんでも小さくしてしまう機械」を用いて、踊り子とその恋人の絵描きの男を自らの小さな作品の世界に閉じ込めてしまう。だが絵描きの息子はエックマンを慕っており、みなしごになったその子とともに暮らすようになる。つまり加害者であり保護者にもなった男は、自らの矛盾に苦しみ、小さな世界の恋人たちに嫉妬し、葛藤を続ける。

踊り子や絵描きへの仕打ちはとことん無情に、愛を知らない小男の悲しみはイノセントに描ききるし、**不条理にあいまいに終わるのでなく、しっかり「答え」を出して明快に泣かせてくる。**結果、センチメンタルなエンターテイメントになっていて、米津作品の旋律はすごく似合っている。芸術家の創作への「考え」が要所に出てくるのが面白いし、創作についてのみ饒舌な彼にもきっと響くんだろう。

求龍堂・品切れ
（19／11／26号）

こ、これが
あなたの
御殿…
てっきり自分が
小さくなったのかと
ボクは
音楽の
ことしか
話しませんよ

50

渡部建の愛読書

『イニシエーション・ラブ』（乾くるみ）

まっとうな青春小説だが最後に意外な結末が

テレビ番組『行列のできる法律相談所』で、映画の宣伝を兼ねてゲスト出演している人気俳優の、その映画の内容紹介を、当人たちに代わってレギュラー出演者の渡部さんが買って出るくだりがある。流暢《りゅうちょう》で的確なプレゼンをしてみせた後の「自分は出演してないくせに！」というオチも含めて彼の「見せ場」で、僕は好感を抱いていた。実際にはすべての映画が傑作なわけないはずだが、だからこそ、すべて同じテンションで薦められるのは「芸」だといえる。

グルメの知識もだが、流暢すぎることで生じるちょっとのうさん臭さをも、プラスに加点させるのが彼のタレント性だったろう。

彼の愛読書『イニシエーション・ラブ』は、帯にも彼の推薦の言葉がある。いきなり「叙述トリックの最高峰！」ときた。ミステリ評論家でもないのに最高峰まで請け合ってみせる。「こんなエッジの効いた痛快なラストは他にない！」と調子がいい。なんだか**「ぜひ、塩で食べてみてください」と続きそう。**

平凡でウブな大学生の青年が、合コンで知り合った女性と徐々に距離を近づけ合い、結ばれる。青年の就職、遠距離恋愛から徐々に二人の関係はほころび、苦い結末を迎えんとする、まっとうな青春小説だが最後に意外な様相をみせる。

就職先で青年を恋慕する同期の女が、彼女との遠距離恋愛なんか「イニシエーション」だと切って捨てるが、叙述トリックによってそのことが皮肉に響くよう効いており、なるほど楽しめた。

ただ、日常描写が長く律儀で、退屈でもある。彼女と会うまでパチンコ屋で時間を潰すような場面まで一行で済ませずに「フィーバー台ではなく一般台」に行き大当たりして「全部お菓子に交換して」彼女にプレゼントしようかと考え「さすがにパチンコの景品では気が退けるので却下し」換金した、とかいちいち書いてる。平凡な若者の平凡な内面を描くから「面白すぎた」らリアリティがないが、トリックなしだと正直、きつい読書だった。
だがそういう「欠点」はプレゼンには不要だ。滑らかに薦められるという意味で、とても彼に似合う一冊だともいえる。小説内ではウブな青年に皮肉な現実が待つが、現実の渡部さんもイニシエーション（？）を迎え中で、さらに似合いすぎる一冊になった。

文春文庫
（20／8／11号）

この記事はですね
叙述トリックなんですよ大林さん！
アンジャッシュ
渡部
多目的トイレで
イニシエーションラブ!?
小林だよ

ワ行

※この物語はフィクションです。実在の人物とは一切関係ありません。

いやー、仕事とはいえ有名人の愛読書をこんなに読んだ人間は私の他にいるまいよ
サー
作家 B.K.
へえ師匠、ずいぶんたくさん読みましたねえ
愛読されたくて…
マンガ：死後くん
ところで師匠の本を愛読書にあげる有名人はいますかねえ？
B.K.のイマジナリー弟子
D.C.
ば、ばか野郎っいるに決まってるじゃねえか
みっともないからエゴサしてないだけで探せばうじゃうじゃいらあ……
わー、すごいなー
じゃあ師匠はどんな有名人から愛読されたいですか？
そうだなァ〜まぁ有名人なら誰だってありがてえかなァ〜…
たとえば有名な迷惑系ユーチューバーでも？

YouTube
迷惑系ユーチューバー…
図書館の中心で愛読書を叫び読んでみたwww
1,327,050回
8万
ホニャララ
B.K.
それは…嫌だな…
印象悪くなるだけだし
そうですか
じゃあ人気Vチューバーはどうですか？生身の人間と違って炎上起こしたりとかなさそうですが…
今回は私の愛読書教えちゃいマース!!!!!!!!
ホニャララ
B.K.
う〜ん……、なんかすごくプロモーションくさいなぁ…
なら、いっそのことスーパーコンピューターなんてどうでしょう？どんな有名人よりも正確で信用度が高いんじゃないですかね
ホニャララ
B.K.
スーパーコンピューターが算出した愛読書
もはや有名「人」ではないしそのためにスパコン使ったらそれこそ税金のムダ使いと言われちまうよ

もっとこう ステキな感じで 愛読されたいん だよ!
ステキな感じ ですかー
そういえばこの前 話題の恋愛映画を観たんですが、偶然出会った若い男女が 互いの愛読書を見せ合うなんて 馴れ初めシーンがありまして…
長嶋有!?
はいはい好きです
いいじゃない! そういう 花束みたいな ステキな愛読が 欲しいんだよ!
では映画の中の 国際テロ組織のリーダーや
ホニャララ B.K.
IQ200のサイコキラーが 愛読してるってのは どうです?
ホニャララ B.K.
嫌だ嫌だっ! もっと真っ当に 有名人に 愛読されたいんだ!
あっしは有名人じゃ ないですが、毎日師匠の本 愛読してますけどねー
あっしが有名人に なりやしょうか?
なんて

はっ
私はまた……
♪チャ〜ララー パ〜ララ〜 ♫
いもしない弟子と会話を……
あの弟子どこかで見たことある顔なんだよなー
何かおやつ食べよ
本日のお客さまは世界が注目するアーティスト…
ボクの愛読書はB.K.さんの――
世界的カリスマアーティストの愛読書を紹介！
ホにゃララ
B.K.

索引

ア行

カ行

サ 行

タ 行

ナ 行

書誌情報は二〇二一年四月時点のものです。

『女性自身』二〇一六年五月二四日号〜二〇二一年二月一六日号
「有名人《あのひと》が好きって言うから…」を改題の上、書籍化にあたり大幅に加筆しました。
各回の掲載号は本文に記載しています。

ブルボン小林

1972年生まれ。「なるべく取材せず、洞察を頼りに」がモットーのコラムニスト。2000年「めるまがＷｅｂつくろー」の「ブルボン小林の末端通信」でデビュー。著書に『ぐっとくる題名』『ジュ・ゲーム・モア・ノン・プリュ』『ゲームホニャララ』『マンガホニャララ』『ザ・マンガホニャララ 21世紀の漫画論』など。小学館漫画賞の選考委員を務める。

あの人《ひと》が好《す》きって言《い》うから…
——有名人《ゆうめいじん》の愛読書《あいどくしょ》50冊《さつ》読《よ》んでみた

2021年５月10日　初版発行

著　者　ブルボン小林《こばやし》

発行者　松田陽三

発行所　中央公論新社
〒100-8152　東京都千代田区大手町1-7-1
電話　販売 03-5299-1730　編集 03-5299-1740
URL http://www.chuko.co.jp/

ＤＴＰ　平面惑星
印　刷　大日本印刷
製　本　小泉製本

Published by CHUOKORON-SHINSHA, INC.
Printed in Japan　ISBN978-4-12-005432-7 C0095

ブルボン小林の本

増補版　ぐっとくる題名

一度聞いたら忘れられない、「心に残る題名」のテクニックとは？　気鋭のコラムニストが、文学、漫画、映画、音楽など、ジャンルを横断した58作品の題名を分析、その魅力を語り尽くす。某芥川賞作家の、自作の題名が決まるまでの舞台裏も明かされる!?　タイトル付けに悩むすべての人におくる実用派エッセイ集。

〈本文イラスト〉朝倉世界一

中公文庫